Elisabeth Mardorf · Das kann doch kein Zufall sein!

Elisabeth Mardorf

Das kann doch kein Zufall sein!

Verblüffende Ereignisse und
geheimnisvolle Fügungen
in unserem Leben

Kösel

7. Auflage 2002
© 1997 by Kösel-Verlag GmbH & Co., München
Printed in Germany. Alle Rechte vorbehalten
Druck und Bindung: Kösel, Kempten
Umschlag: Kaselow Design, München
Umschlagmotiv: Stock Imagery/BAVARIA
ISBN 3-466-34380-1

Gedruckt auf umweltfreundlich hergestelltem Werkdruckpapier
(säurefrei und chlorfrei gebleicht)

Inhalt

Einleitung		7
1	Was ist Synchronizität?	17
2	Ein Zufall kommt selten allein: Häufung von Themen, Namen und Zahlen	37
3	Wenn man vom Teufel spricht ... Zufällige Begegnungen	67
4	Aus heiterem Himmel: Menschen und Dinge tauchen wieder auf	81
5	Webmuster von Raum und Zeit: Wer Tagebuch schreibt, hat mehr von Synchronizität	101
6	Sind Träume Schäume?	115
7	Negative Synchronizität: Wenn Herzen und Dinge brechen	127
8	Synchronistische Phänomene und Orakel als Warnung	159
9	Synchronizität der Synchronizität	177
10	Mut zur Lücke: Von Überheblichkeit und Demut	191
Literatur		203
Checkliste: Woran erkennt man einen sinnvollen Zufall?		212
Register		214

»Jede Erscheinung auf Erden ist ein Gleichnis, und jedes Gleichnis ist ein offnes Tor, durch welches die Seele, wenn sie bereit ist, in das Innere der Welt zu gehen vermag, wo du und ich Tag und Nacht alle eines sind. Jedem Menschen tritt hier und dort in seinem Leben das geöffnete Tor in den Weg, jeden fliegt irgendeinmal der Gedanke an, dass alles Sichtbare ein Gleichnis sei, und dass hinter dem Gleichnis der Geist und das ewige Leben wohne. Wenige freilich gehen durch das Tor und geben den schönen Schein dahin für die geahnte Wirklichkeit des Innern.«

Hermann Hesse, Iris (Märchen)

Einleitung

Schon in meiner Jugend wollte ich »erkennen, was die Welt im Innersten zusammenhält« (Goethes Faust). Ich wuchs auf im katholischen Glauben und war als Kind fest davon überzeugt, dass alles, was geschieht, irgendeinen Sinn hat. Der liebe Gott würde schon wissen, was er mit uns Menschen so anstellt.

Dennoch wollte ich mehr wissen und beschloss, Biologie und Theologie zu studieren. Von der Biologie, wie sie an der Universität gelehrt wird, war ich jedoch schnell enttäuscht. Wenn ich von der Schönheit und Funktionalität eines Blattquerschnitts unter dem Mikroskop fasziniert war, fand meine Begeisterung wenig Gegenliebe. Das Errechnen des statistischen Mittelwertes von Baumsamen-Gewicht war im botanischen Praktikum wichtiger als das Ergriffensein davon, dass in diesem kleinen Samen alle Informationen für das Wachsen eines riesigen Baumes vorhanden waren. So verließ ich die akademische Biologie recht bald und erhielt mir meine Begeisterung für jedes kleine Blättchen, das im Frühjahr aus trockenen Ästen sprießt.

Mit der Theologie erging es mir nicht viel anders. Glauben, das Bemühen, Zusammenhänge zu verstehen, Leben nach der Bergpredigt wurden erstickt in stundenlangen dogmatischen Diskussionen, langweiligen Vorlesungen weltfremder älterer Herren und der bitteren Erkenntnis, dass weibliche Tugenden in der katholischen Kirche noch über Generationen hinaus keine Chance haben würden.

Für meinen Wissensdrang in Bezug auf Menschen, auf menschliches Leiden und mein Suchen nach Hilfe entdeckte ich aber parallel zum Theologiestudium die Psychologie. Statt Seelsorgerin wurde ich schließlich Psychotherapeutin – und je länger ich in diesem Beruf arbeitete, umso mehr wurde aus der Anwendung therapeutischer Methoden wieder Seel-Sorge. Meine Erfahrung ist, dass die meisten Menschen, die Hilfe für Probleme suchen, eigentlich nach dem Sinn ihres Lebens suchen.

Manche dieser Menschen, die ich kennen lernte, wussten von eigenartigen Erlebnissen zu berichten, die sie nachdenklich stimmten. Sie hatten das Gefühl, diese Begebenheiten hätten eine besondere Bedeutung. Vermutlich haben auch Sie schon Ähnliches erlebt: Sie denken an einen bestimmten Menschen, den Sie lange nicht gesehen haben. Das Telefon klingelt – und genau dieser Mensch ruft Sie an! Oder ein Freund empfiehlt Ihnen ein bestimmtes Buch – und nachmittags sitzen Sie im Wartezimmer eines Arztes, und jemand neben Ihnen liest ebendieses Buch. Oder Sie müssen sich nach dem Erziehungsurlaub entscheiden, ob Sie an Ihre alte Arbeitsstelle zurückkehren. Die Zeit drängt, und Sie wissen noch immer nicht, was Sie tun sollen. Da begegnen Ihnen auf der Straße innerhalb von drei Tagen vier ehemalige Arbeitskollegen, die Sie in all den Jahren nie gesehen haben, und das kommt Ihnen merkwürdig vor. Oder es gibt Tage, an denen alles »wie verhext« ist: Jede Menge geht schief, der Schnürsenkel reißt, das Auto springt nicht an, und Sie verpassen einen Termin, den Sie für sehr wichtig hielten. Warum »ausgerechnet jetzt«? Oder Sie stellen fest, dass sich in Ihrem Haus die Wasserrohrbrüche häufen. Technisch ist alles überprüft und nichts festgestellt worden. Und doch geschieht es wieder. Fast immer nach einem Ehekrach ...

Reiner Zufall? Oder haben solche Erlebnisse eine Bedeutung? Oft sind sie recht dramatisch, manche wirken ein wenig unheimlich, manchmal scheinen sie ein »Wink des Schicksals« zu sein. Und doch ist da eine Scheu, solche Erlebnisse ernst zu nehmen. Das stellte ich häufig fest, wenn ich mit verschiedenen Menschen über mein Buchprojekt sprach. Fast alle kannten solche Begebenheiten. Aber die meisten hatten nie mit jemandem darüber gesprochen und verlauten lassen, dass sie diesen Erlebnissen eine Bedeutung zumaßen. Sie waren nun sichtlich erleichtert, dass es sogar einen Namen dafür gibt.

C.G. Jung prägte für diese Phänomene den Begriff *Synchronizität*. Gemeint ist damit nicht nur eine Zeitgleichheit (»synchron«), sondern vor allem eine Sinngleichheit: Die äußeren Ereignisse und die psychischen Abläufe bzw. Lebensthemen korrespondieren miteinander in einer Weise, die sich kausal nicht erklären lässt. Dies unterscheidet sie also von reinen Zufallserlebnissen, die lediglich parallel laufende Begebenheiten aufweisen und nicht miteinander verknüpft sind. Von diesem Unterschied wird in diesem Buch noch die Rede sein. Synchronistische Phänomene können sich in vielfältiger Form ereignen. Sie sind wie ein Spiegel der Seele, treten spontan auf, sind nicht machbar, bilden manchmal komplexe Muster, die über Raum und Zeit hinweggehen und oft mehrere Menschen mit einbeziehen. Meist enthalten synchronistische Erlebnisse eine Botschaft für den, der sie erlebt, und manchmal können sie helfen, wichtige Lebensentscheidungen zu treffen.

»Positive« synchronistische Erlebnisse hinterlassen die Betroffenen mit dem Gefühl der Geborgenheit und Harmonie und manchmal sogar mit dem Gefühl, vom Schicksal reich beschenkt worden zu sein. »Negative« synchronistische Erlebnisse wie beispielsweise das Zerplatzen von Wasserrohren in einer kritischen Lebensphase wirken eher unheimlich und rufen Ängste hervor. Aber wir modernen Menschen sind ja nicht abergläubisch, und so kehren wir schnell zu den oberflächlichen Alltagsdingen mit ihrer vermeintlichen Vernunft und Überschaubarkeit zurück.

Andererseits erleben esoterische Moden einen enormen Aufschwung, der jedoch auch kritisch bewertet werden muss. Ein riesiger Markt ist entstanden, der Lösungen für alles und jedes anbietet, letztendlich aber auch wieder Schuldgefühle produzieren kann wie früher die kirchliche Moral: Bestand dort die Sünde darin, gegen die Zehn Gebote und unzählige ungeschriebene Regeln zu verstoßen (wofür man in der Hölle landete), gehört jetzt zur Sünde, falsche Gedanken zu haben, weil alles und jedes, was einem geschieht, angeblich von den eigenen Gedanken angezogen wird. Alles und jedes wird dogmatisch auf seinen Sinn überprüft, und wer nicht richtig handelt, ist eben dazu verdammt, in unzähligen Inkarnationen zu leben, bis er endlich begreift, was er zu tun hat.

Die Psychologie in ihren verschiedenen Färbungen nimmt hier eine merkwürdig schillernde Stellung ein. Es gibt Richtungen, die alles menschliche Verhalten »wissenschaftlich« untersuchen wollen, das heißt, es wird nach Regeln gesucht, die überprüfbar sind und die bei Wiederholungen von Experimenten die gleichen Resultate zeigen. Das Wort »Seele« ist in dieser psychologischen Richtung verpönt, obwohl Psychologie ja eigentlich »Seelenkunde« ist. Selbst die Parapsychologie bemüht sich extrem um »Wissenschaftlichkeit« und »Objektivität«, um auch wirklich ernst genommen zu werden. Der große Bereich der humanistischen Psychologie mit ihren verschiedenen Ansätzen, insbesondere die »Transpersonale Psychologie«, hat sich von diesen Festlegungen gelöst und sieht den Menschen und seine Erfahrungen eingebettet in etwas Größeres, Ganzes.

In der von Sigmund Freud begründeten Psychoanalyse gab es bereits Anfänge, sich mit synchronistischen Phänomenen zu befassen. Zu einem expliziten Thema allerdings wurden sie erst in der von Carl Gustav Jung entwickelten analytischen Psychologie. Hier fand ich schließlich vor vielen Jahren, wonach ich so lange gesucht hatte: Erklärungen und sogar einen Namen – eben »Synchronizität« – für all die eigenartigen Ereignisse in meinem Leben, die mir immer schon mehr als zufällig schienen und die zum Teil in einer

Weise zusammenpassten, die mich sehr erheiterte. (In einem meiner Tagebücher finde ich bereits vor mehr als 20 Jahren den Satz: »Wer auch immer da die Fäden zieht – Humor hat er jedenfalls.«)

Freude und Ernst schließen sich nicht aus, und beim Thema Synchronizität schon gar nicht. Ernsthaftigkeit ohne Humor, Wühlen in Problemen ohne ironische Distanz, Erkunden des eigenen Bauchnabels, ohne über sich selbst zu lachen, würde auch dem Schalk widersprechen, der so oft in synchronistischen Begebenheiten mitspielt.

Die bisher vorliegende Literatur über Synchronizität wendet sich entweder an Fachleute und setzt einige Kenntnis der jungianischen Tiefenpsychologie oder umfangreiche naturwissenschaftliche Kenntnisse voraus. Oder aber es handelt sich um Sammlungen von Beispielen für Synchronizität, die wenig über die *Bedeutung* dieser Erlebnisse für den Lebensweg dessen aussagen, der sie erfährt.

Dieses Buch, das Sie in Händen halten, nimmt eine Mittelstellung ein. Es ist kein psychologisches Fachbuch, sondern wendet sich an Menschen jeden Alters, die ihre eigenen Erfahrungen besser verstehen und ihr Leben intensiver und verantwortungsbewusst leben wollen. Die Lektüre soll Ihnen Freude machen und helfen, das eine oder andere für sich zu entdecken.

Deshalb schildere ich in diesem Buch synchronistische Phänomene aus meinem persönlichen Erfahrungsbereich sowie Erfahrungen aus zwanzigjähriger psychotherapeutischer Tätigkeit und interpretiere sie auf dem Hintergrund meiner Kenntnisse über die Lebenssituation dessen, der sie erlebt, also auch meiner eigenen. Denn der spontane Charakter synchronistischer Phänomene lässt sich in vielen Fällen exakter beschreiben, wenn man die Erlebnisse aus nächster Nähe selbst kennt, als ausschließlich auf Fachliteratur zurückzugreifen.

Ira Progoff, der eines der besten Fachbücher über Synchronizität schrieb, meinte schon 1973: »Spontaneität, sogar bis hin zur absoluten Überraschung, ist ein zentrales Element in authentischen synchronistischen Ereignissen. Weil diese unvermittelte Spontaneität eines der unterscheidenden Charakteristika synchronistischer Ereignisse ist, muss die parapsychologische Forschung Wege finden, die Phänomene zu studieren, die mitten in einer ungeplanten Lebenserfahrung stattfinden. Das impliziert die Notwendigkeit, die verschiedenen Aspekte synchronistischer Ereignisse so zu studieren, wie sie im normalen Leben vorkommen.« Marie-Louise von Franz, eine der Expertinnen zum Thema Synchronizität, sieht das Problem ähnlich: »Nun stellt sich uns das große Problem, wie wir die Synchronizität weiter erforschen können, ohne nur Erlebnis-Sammlungen anzulegen ...«

So werde ich versuchen, an möglichst vielen Beispielen, die ich selbst gut kenne, die Dynamik und Struktur synchronistischer Erlebnisse zu verdeutlichen und die zentrale Frage zu klären: Welchen *Sinn* machen sie für den Betreffenden in dieser bestimmten Lebensphase? Welche *Botschaften* sind in ihnen enthalten, die bei wichtigen Entscheidungen helfen könnten oder die aufmerksam machen auf Themen, die in der persönlichen Entwicklung bewältigt werden müssen?

Theoretischer Hintergrund ist dabei neben der Tiefenpsychologie C.G. Jungs die Philosophie des Taoismus, für die der stetige Wandel alles Seienden und die Harmonie von Menschlichem und Kosmischem zentral ist. In diesem Zusammenhang wird von mir manchmal auch das »I Ging«, das Buch der Wandlungen, in die Erklärung synchronistischer Phänomene mit einbezogen. Vor 20 Jahren begegnete mir das I Ging zum ersten Mal. Damals konnte ich noch nicht viel damit anfangen, obwohl ich sehr beeindruckt war. Mittlerweile ist es mir ein vertrauter Wegbegleiter. Und der ungestüme jugendliche Wunsch, Goethes Faust nachzueifern und »zu erkennen, was die Welt im Innersten zusammenhält«, ist der Bescheidenheit gewichen.

Im übrigen gehe ich nicht so weit, zu behaupten, alle Zufälle seien synchronistisch und hätten einen tieferen Sinn. Denn ich halte es durchaus für möglich, dass es zufällige, parallel stattfindende Ereignisse geben kann, denen keine weit reichende Bedeutung zukommt.

Ob es sich um einen solchen »einfachen« oder aber »sinnvollen« Zufall handelt, kann in erster Linie nur derjenige beurteilen, der ihn erlebt. Wichtig ist dabei vor allem, immer wieder die Balance zwischen intuitivem Erspüren und rationaler Distanz zu finden – also letztendlich einen verantwortlichen Umgang mit dem Phänomen des Zufalls.

Ich bin davon überzeugt, dass wir mit noch so viel empirischer Forschung, psychologischen Versuchen, Psi-Experimenten und physikalischen Abenteuern die Geheimnisse der Synchronizität nie vollständig entschlüsseln werden. So will dieses Buch ganz bewusst nur Hinweise geben und Annäherungen bieten, aber keine Formel entwickeln, wie Synchronizität denn nun »funktioniert«.

Für die einen kann es Aha-Erlebnisse bringen, andere wiederum werden es vielleicht als Unsinn betrachten und auf die Seite legen, manche wird es kalt lassen und manche ärgern. Aber: Ist es wirklich Zufall, dass Sie gerade jetzt dieses Buch in den Händen halten? »Wenn der Schüler bereit ist, kommt der Lehrer« – diese taoistische Weisheit trifft meiner Erfahrung nach sehr oft auch auf Bücher zu, die unseren Lebensweg kreuzen. Bevor Sie weiterlesen, schließen Sie doch für einen Moment die Augen und fragen Sie sich, wie dieses Buch in Ihr Leben kam.

Viele Menschen machen die Erfahrung, dass gerade dann, wenn sie sich intensiv mit dem Thema Synchronizität beschäftigen, synchronistische Ereignisse gehäuft auftreten. Im Kapitel 9 dieses Buches wird dieser Aspekt näher erläutert werden. Ich bin davon überzeugt, dass es sich keineswegs um ein Phänomen von selektiver Wahrnehmung handelt.

Mir selbst hat eine synchronistische Begebenheit, die ein wahres Feuerwerk synchronistischer Ereignisse nach sich zog, sehr geholfen, als ich mit der Arbeit an diesem Buch begann.

Ich kann mich noch genau an jenen Nachmittag erinnern, als ich den von der Universität Trier angeforderten, viele Seiten dicken Computerausdruck zum Thema Parapsychologie in Händen hielt. Dort wurden ausführlich viele Aufsätze kommentiert, die sich mit parapsychologischen Phänomenen und auch mit dem Thema Synchronizität befassen. Immer wieder stieß ich auf den Namen Wilhelm Gauger. Ich hatte nie von ihm gehört, aber von Anfang an sprachen mich die Zusammenfassungen seiner Aufsätze ganz besonders an.

Aus einigen Anmerkungen schloss ich, dass W. Gauger sich mit englischer Literatur gut auskennt. Schließlich stand auch irgendwo seine Adresse, und ich schrieb ihm einen Brief mit der Bitte, mir Kopien seiner für mich schwer erhältlichen Aufsätze zugänglich zu machen.

Als ich seinen langen Antwortbrief las, musste ich lachen: Professor Gauger fand es höchst bemerkenswert, dass ich aus M. an ihn schrieb. M., mein damaliger Wohnort, ist ein winziges Städtchen mit knapp 5000 Einwohnern, kaum jemand kennt es. Und hier schrieb mir Wilhelm Gauger aus der Weltstadt Berlin, er habe enge verwandtschaftliche Beziehungen zu M., habe einen großen Teil seiner Jugend dort verbracht, und er fände es höchst synchronistisch, dass ich ausgerechnet aus diesem Ort, der auch in seinem Leben so viel bedeute, an ihn schreibe. Er schickte mir seine Aufsätze, und fortan begann ein intensiver Briefwechsel, der für dieses Buch zentral bedeutsam wurde. Ich verdanke Wilhelm Gaugers Aufsätzen und Briefen viele Ideen, die sich in diesem Buch finden, und vor allem verdanke ich ihm viel Ermutigung, mich unbefangen an dieses Thema zu wagen. Denn auch für ihn ist es nicht selbstverständlich, sich mit sogenannten paranormalen Phänomenen zu befassen.

Schon während wir uns nur brieflich austauschten, beobachteten wir beide eine Fülle synchronistischer Begebenheiten um diesen Briefwechsel herum, und seit wir uns persönlich kennen, sind diese Phänomene gehäuft aufgetreten. All dies – und insbesondere die inzwischen entstandene Freundschaft – betrachte ich als Geschenk des Schicksals.

In diesem Buch finden sich auch Spuren vieler anderer Menschen, die ich nicht alle mit Namen nennen kann und will. Nennen möchte ich aber an erster Stelle meinen Mann. Dass wir uns von all den Menschen auf der Welt fanden, ist ebenfalls das Ergebnis einer Kette von synchronistischen Ereignissen. Konkret half er mir in vielfältiger Weise bei diesem Buch: Er war mir ein großartiger einfühlsamer Gesprächspartner, der mir als Naturwissenschafter viele Theorien erklären konnte, die für mein kleines Psychologenhirn zu groß waren. Er half mir bei den Tücken des Arbeitens am Computer, und er kochte oft nach seinem eigenen anstrengenden Arbeitstag herrliche Menüs, die auf mich warteten, wenn ich abends den Schreibtisch verließ.

Unendlich viel verdanke ich auch meiner Freundin und Kollegin Susan Bostrom-Wong in San Francisco/ USA. Seit unserem gemeinsamen Studium fühlen wir uns über Tausende von Kilometern hinweg immer wieder durch synchronistische Ereignisse miteinander verbunden. Sie half mir, indem sie in großem Umfang amerikanische Literatur zum Thema besorgte und als jungianische Analytikerin sehr kompetent in vielen Briefen Ideen mit mir diskutierte.

Sehr herzlich danken möchte ich meinem Analytiker. Mit seiner Hilfe konnte ich die Botschaft vieler synchronistischer Ereignisse in meinem Leben so verstehen, dass sie mir in meiner eigenen Entwicklung vielleicht einige Irrwege ersparten.

Meinen Patienten, die mir ihr Vertrauen schenkten, danke ich für alles, was ich von ihnen lernen konnte. Sämtliche Beispiele, die von ihnen stammen, sind so verändert, dass ihre Intimsphäre geschützt bleibt. Auch in anderen erwähnten Begebenheiten sind Orts- und Eigennamen aus diesem Grund geändert.

Und ganz besonders danke ich meinen Eltern, die mir unter großen eigenen Opfern eine Kindheit und eine Ausbildung ermöglichten, die die Basis für ein ungeheuer interessantes, spannendes, befriedigendes Leben wurden. Durch sie waren mir und meinen Geschwistern jene Denkweisen, die diesem Buch zugrunde liegen, von Kindheit an vertraut – dass nämlich zwischen Himmel und Erde mehr möglich ist, als man mit den Augen sehen kann.

Ulrike Reverey, meiner Lektorin im Kösel-Verlag, danke ich herzlich für die Zusammenarbeit, für ihre sachliche Kritik und hilfreichen Anregungen bei der Überarbeitung des Manuskripts sowie für gute Gespräche.

Seit ich mit der Arbeit an diesem Buch begann, hat mich das Schicksal durch eine Reihe eigenartiger Fügungen wieder in die Nähe meiner Kindheitsgegend gebracht, wo »Spökenkieker« früher ganz normal waren, an einen Ort, den mir viele Jahre zuvor ein Traum ankündigte.

Für all dies bin ich dankbar.

1 Was ist Synchronizität?

Als ich mit dem Schreiben dieses Kapitels beginnen wollte, fielen mir an jenem Tag plötzlich mehrere Dinge ein, die ich unbedingt noch vorher erledigen musste. Mir fehlte trotz umfangreicher Vorarbeiten der zündende Gedanke für den Anfang, und so war es neben anderen Dingen wie Blumen gießen und dergleichen auch ungeheuer »wichtig«, Literatur zum Thema nachzuschauen. Fast jeder, der schreibt, kennt diese Ausflüchte.

Ich setzte mich also an den Computer und legte eine spezielle CD-ROM ein, auf der deutsche und englische lieferbare Buchtitel verzeichnet sind. Mit ihrer Hilfe hatte ich vier Tage zuvor bei meiner Tübinger Stammbuchhandlung Osiander per Fax amerikanische Bücher bestellt und wollte nun einen der Titel nochmals kontrollieren. Gerade hatte ich also die CD eingelegt und meine Bestellung noch einmal hervorgeholt, da meldete sich mein Fax-Gerät: Osiander faxte ebendiese Bestellung an mich zurück mit einem handschriftlichen Vermerk, weil bei einem der bestellten Bücher eine Unklarheit bestand.

So wurde mir der Anfang dieses Kapitels frei Haus geliefert: Was ist Synchronizität? Genau das!

Auch Alltagserlebnisse können vielschichtig sein

An diesem Beispiel zeigt sich wunderschön die Vielschichtigkeit mancher synchronistischer Phänomene. Bemerkenswert ist zum einen, dass das Ganze ausgerechnet in dieser Minute, vier Tage nach der Bestellung, geschieht. Ich bin nicht nur im Raum, in dem das Fax ankommt und kann es gleich entgegennehmen, sondern ich habe auch gerade die CD-ROM eingelegt, von der die Informationen für die Bestellung stammen, und ich nahm soeben meine Bestellung in die Hand, als sie mir per Fax als ihr eigener Zwilling geliefert wird. Darüber hinaus besteht auch eine inhaltliche Ähnlichkeit: Ich will etwas an der Bestellung überprüfen, und Osiander faxt mir eine Frage, um ebenfalls etwas an der Bestellung zu kontrollieren. Das sind die Ähnlichkeiten auf der Ebene der äußeren Wahrnehmung.

Auf der inneren Ebene geschieht aber noch mehr, denn es ist geradeso, als ob meine Frage beantwortet wird: Wie um Himmels willen beginne ich mit diesem Kapitel? Und es gleicht einem sanften Schubs: Hier hast du dein Beispiel, nun mach was draus. All das empfinde ich vor allem als Ermutigung, als gutes Omen.

Außerdem handelt es sich hier um eine »Synchronizität der Synchronizität«, wie Alan Vaughan dieses Phänomen nennt: Während der Beschäftigung mit dem Thema Synchronizität ereignet sich etwas Synchronistisches.

Auf einer noch tieferen Ebene verknüpft dieses synchronistische Erlebnis jene Orte und Lebensphasen, die mein Leben prägten, mit meinem jetzigen Lebensumfeld: In Tübingen und in den USA studierte ich und schrieb mehrere größere Arbeiten. Jetzt schreibe ich nach vielen Jahren praktischer Tätigkeit als Therapeutin an einem anderen Ort wieder eine größere Arbeit, und ich erhalte »zufällig« Hilfe.

Diese Hintergründe und Bedeutungen machen es aus, dass man hier nicht nur von einem reinen Zufall sprechen kann, der lediglich parallel laufende Ereignisse beinhaltet und eben keine Verknüpfungen aufweist. Am Ende dieses Kapitels werde ich auf dieses Erlebnis noch einmal zurückkommen und schildern, an welchen Merkmalen Sie selbst erkennen können, ob es sich um einen »sinnvollen« oder einen »normalen« Zufall handelt.

Sinnvoller Zufall, Synchronizität, Koinzidenz

Diese drei Begriffe tauchen im Rahmen von Synchronizitätsliteratur immer wieder auf und schaffen oft Verwirrung. »Zufall«, wie er hier gemeint ist, heißt im Englischen »coincidence«. Co-incidence, es fällt etwas zu-sammen und vereinigt sich zu einem Ereignis. Es fällt zu-sammen, und es fällt demjenigen zu, der es erlebt. Wenn etwas fällt, fällt es von oben, und ein »sinnvoller Zufall« kommt oft aus »heiterem Himmel«. Man kann ihn nicht vorhersagen, er ereignet sich jedes Mal als etwas völlig Neues. Deshalb ist es ja auch so schwer, ihn zu erforschen. Marie-Louise von Franz sagt: »Dass die sporadischen Synchronizitätsphänomene je vorausgesagt werden können und man damit gewissermaßen in den Bereich der methodischen Erforschbarkeit dringen kann, halte ich für sehr unwahrscheinlich. Sie sind eben Schöpfungsakte, und Schöpfungsakte sind nicht voraussagbar.« (1988, S. 42)

Was muss denn nun zusammenkommen, damit aus zufälligen parallel stattfindenden Ereignissen ein synchronistisches

Ereignis wird, damit ein Zufall zu einem »sinnvollen Zufall« wird? Und was ist denn nun ein »sinnvoller Zufall« im Unterschied zu »Synchronizität«? Und wenn es »sinnvoll« sein soll, wieso soll es dann ein »Zufall« sein?

Der Begriff »Synchronizität« wurde, wie schon erwähnt, von dem Tiefenpsychologen C.G. Jung geprägt. Er benutzt ihn als Gegenpol zur »Kausalität«, also der Erklärung von Zusammenhängen durch Ursache und Wirkung. Bei einem Zufall lässt sich aber schlecht von Ursache und Wirkung sprechen. Bei den Phänomenen, um die es hier geht, scheint jedoch ebenfalls eine Art von Zusammenhang zu bestehen – und diesen Zusammenhang bezeichnet Jung mit »Synchronizität«:

»Ich gebrauche hier also den allgemeinen Begriff der Synchronizität in dem speziellen Sinn von zeitlicher Koinzidenz zweier oder mehrerer nicht kausal aufeinander bezogener Ereignisse, welche von gleichem oder ähnlichem Sinngehalt sind. Dies im Gegensatz zu › Synchronismus ‹ , welcher die bloße Gleichzeitigkeit zweier Ereignisse darstellt.« (Jung 1990, S. 30)

Er sagt hier »Koinzidenz«, also »Zusammenfall«, nicht »Zufall«, und dieser Begriff ist eigentlich der exaktere. Im Englischen hat sich dieser Begriff als »meaningful coincidence«, also als »bedeutsamer Zusammenfall«, eingebürgert. Im Deutschen aber hat sich leider durchgesetzt, von »sinnvollem Zufall« zu sprechen. Bleiben wir also dabei, obgleich der Begriff etwas unglücklich gewählt ist, oder benutzen wir den Fachbegriff »Synchronizität«, der das Gleiche meint.

Im Folgenden werden nun einige grundlegende theoretische Aspekte des Themas erläutert, die das Verständnis der späteren Kapitel und der geschilderten Erlebnisse erleichtern. Beim ersten Lesen klingt einiges vielleicht sehr abstrakt. Sollte es Ihnen so ergehen, dann lesen Sie zunächst in Kapitel 2 und 3 weiter, und kehren Sie anschließend hierher zurück. Durch die später geschilderten Beispiele sind die Theorien vielleicht besser verständlich – aber durch die Theorien umgekehrt die Beispiele auch. Synchronizität ist eben kein statisches Phänomen, sondern immer in Bewegung. Manchmal muss man sich auf Früheres beziehen und manchmal auf Späteres hinweisen. *Gehen Sie also in diesem Buch spazieren wie in einem Garten, der viele Wege hat.*

Ausgangspunkt dieses »Spaziergangs« ist Carl Gustav Jung, der den Mut hatte, nach den Jahrzehnten, in denen die moderne westliche Technik-Begeisterung auch das wissenschaftliche Weltbild beherrschte, wieder an die tiefen mythologischen und religiösen Schichten des Menschseins zu erinnern.

Synchronizität und Archetyp

Carl Gustav Jung betont, dass synchronistische Phänomene hauptsächlich dann auftreten, wenn bei dem Betreffenden ein »Archetyp« besonders intensiv »konstelliert« sei. Was heißt das? Unter Archetyp versteht Jung ein vererbtes, psychisches Verhaltensmuster, das alle Menschen gemeinsam haben, eine Art geistiger Instinkte. Auf der biologischen Ebene kennen wir ja die Instinkte von Tieren, die das Gemeinschaftsleben und das Überleben entscheidend regeln. Tiere wissen beispielsweise instinktiv um die Grundmuster des Nestbaus, die zu ihrer Spezies gehören, sie brauchen sie nicht zu lernen und teilen sie doch mit allen anderen ihrer Art und erkennen sie wieder. Auf geistiger Ebene gibt es auch in der menschlichen Seele solche grundlegenden Muster, die zum »kollektiven Unbewussten« gehören, das alle Menschen auf einer tiefen Schicht der Seele miteinander verbindet. Diese geistigen Muster oder Archetypen können sich in Bildern und Mythen äußern und um zentrale Menschheitsthemen angeordnet sein wie Mutterschaft, Tod, Geburt. Es gibt beispielsweise den Archetyp der weisen alten Frau oder des weisen alten Mannes. Es geht aber nicht nur um ererbte Triebmuster und »Erinnerungen«, sondern um innere Bilder, die an entscheidenden Stellen der seelischen Entwicklung oder Wandlung auftreten. Das ist gemeint, wenn es heißt, ein bestimmter Archetyp sei »konstelliert«. Jung und die meisten analytischen Psychotherapeuten gehen also davon aus, dass ein wirklicher »sinnvoller Zufall« immer mit solchen tiefgehenden Themen zu tun haben müsse.

Ich bin allerdings der Meinung, dass sinnvolle Zufälle viel häufiger geschehen und *nicht immer* »Archetypen« dabei im Spiel sind. Aber es lässt sich nicht darüber hinwegsehen, dass synchronistische Ereignisse gehäuft um lebenswichtige Situationen herum auftreten – ganz besonders oft sogar in Situationen, die in irgendeiner Form mit Übergängen, das heißt mit Umbrüchen, zu tun haben.

Jung arbeitete eng mit dem Physiker und Nobelpreisträger Wolfgang Pauli zusammen (siehe auch Seite 153f.), um die Zusammenhänge von Geist und Materie zu erforschen. Gemeinsam schlugen sie vor, nicht nur wie bisher die Raum-Zeit-Dimension, die Kausalität und das Gesetz der Energieerhaltung in ein Schema der Naturerklärung einzubeziehen, sondern auch die Synchronizität. Das aber würde bedeuten, Synchronizität nicht als eine seltene Ausnahmeerscheinung zu betrachten, sondern als ein ganz normal vorkommendes Phänomen.

Für religiöse Menschen und für Kulturen, die nicht so sehr vom modernen Lebensstil geprägt sind, war das schon immer und ganz selbstverständlich so. Insofern ist das Phänomen keine neue Entdeckung. Neu ist eher, dass nach den Jahren des mehr rational geprägten Denkens diese Gedanken nunmehr allgemeines Interesse finden. Schon 1929 schrieb Carl Gustav Jung zusammen mit Richard Wilhelm »Das Geheimnis der goldenen Blüte«, in dem viele Grundgedanken bereits vorhanden sind. Aber die Zeit musste wohl erst reif werden dafür.

Geist und Materie

Eine enge Mitarbeiterin von Jung, die bereits erwähnte Marie-Louise von Franz, setzte die Entwicklung des Synchronizitäts-Konzeptes fort. Sie befasste sich intensiv mit dem Thema im Zusammenhang mit der Mathematik und den Naturwissenschaften. Sie betont vor allem die »relative Gleichzeitigkeit« synchronistischer Ereignisse: Wichtig sei die »Sinngleichheit«, nicht einfach die zeitliche Gleichzeitigkeit. So können durchaus Ereignisse, die zeitlich auseinander liegen, synchronistisch sein durch den ihnen gemeinsamen Sinnzusammenhang. In ihren Angaben zur Häufigkeit dieser Ereignisse äußert sich Marie-Louise von Franz aber widersprüchlich. Zum einen sagt sie: »Solche Dinge geschehen ziemlich häufig, und jeder, der seine Aufmerksamkeit darauf richtet, kann solche synchronistischen Phänomene wahrnehmen ... die Primitiven denken heute noch synchronistisch, das heißt, für sie gibt es keinen sinnlosen Zufall ... wir können also, wenn wir ein bisschen in die primitive Seite zurückfallen, diese Sicht in uns selber beleben und uns fragen: Das, was jetzt gerade passiert, ist doch kaum Zufall – warum passiert mir das gerade heute? Und dann sehen wir sehr oft, dass Sinnverbindungen vorhanden sind.« (1988, S. 29) Einige Seiten später betont sie aber, dass die Synchronizitäts-Phänomene aus jungianischer Sicht kein »allgemeines und regelmäßiges Phänomen« seien. »Mit anderen Worten: Synchronizitäts-Phänomene, soweit wir sie bis jetzt beobachtet haben und soweit wir sie bis jetzt kennen, kommen nur sporadisch spontan vor ...« (S. 36)

Vielleicht trifft ja, wie Wilhelm Gauger meint, beides zu: Synchronistische Phänomene sind einerseits etwas Besonderes und andererseits eben doch nicht so selten. Vielleicht bedeutet der Doppelaspekt von innen und außen in der Synchronizität gleichzeitig auch, dass sie Regel und Ausnahme in sich vereinigt – »Alles in Einem, Eines in Allem«.

Marie-Louise von Franz warnt im übrigen davor, Verbindungen zu sehen, wo keine sind. Auf dieses Thema werde ich im Laufe des Buches noch eingehen.

Was die Häufigkeit synchronistischer Begebenheiten angeht, sind meine eigenen Beobachtungen und die vieler anderer Autoren (Koestler, Vaughan, Gauger, Combs/ Holland, Progoff) eindeutig: Synchronizität kommt sehr häufig vor für den, der Augen hat zu sehen und Ohren hat zu hören – vielleicht einfach für den, der sich im positiven Sinne ein »kindliches Gemüt« bewahrt hat.

Synchronizität und Lebenspraxis

In jüngerer Zeit wird das Thema Synchronizität und Archetypen auch von jungianischen Therapeuten pragmatischer behandelt. Verena Kast beispielsweise ist zwar auch der Meinung, dass Synchronizität vor allem in Umbruchsituationen auftaucht, »wenn eine ausgesprochen emotionell betonte Lebenssituation zu bestehen ist ... wenn neue archetypische Konstellationen in unserem Leben sich bemerkbar machen«. (1996, S. 157) Aber auch sie wendet sich gegen Jungs Ansicht, Synchronizität ereigne sich nur in Ausnahmefällen. »Natürlich gibt es Situationen im Zusammenhang mit Tod, mit Liebe, mit Umbrüchen usw., in denen die archetypischen Konstellationen wesentlich deutlicher erlebbar sind als in Zeiten größerer Ruhe und wo sich auch die Synchronizitätserlebnisse häufen. Ich meine jedoch, dass sie uns nur auffallen, wenn es sich um Extremsituationen handelt.« (S. 162)

In diesem Buch soll es nun darum gehen, nicht nur in Ausnahmesituationen, sondern auch im normalen Alltag Synchronizität wahrzunehmen und sie für den eigenen Lebensweg konstruktiv so zu nutzen, dass wir *mit* dem Lebensstrom schwimmen und nicht *gegen* ihn.

Auch Ira Progoff betont, dass synchronistische Erlebnisse sich für jemanden, der in enger Verbindung mit seinem Unbewussten lebt, wahrscheinlicher ereignen als für andere. Er weist aber darauf hin, wie wichtig es ist, solche Erlebnisse bewusst in das eigene Leben zu integrieren, um nicht in eine Psychose zu geraten, in der Reales und Irreales nicht mehr auseinander gehalten werden können. Dies ist ein sehr wichtiger Punkt, auf den ich im Laufe des Buches noch eingehen werde. Progoff weist ferner auf einen weiteren interessanten Aspekt hin: Seiner Meinung nach ereigneten sich in den siebziger Jahren, als er sein Buch veröffentlichte, mehr »parapsychische Phänomene« (zu denen Synchronizität zählt) als in den fünfziger Jahren, und es wurden mehr Fälle öffentlich berichtet. Als Grund vermutet er eine Veränderung in der »sozialen Atmosphäre«, die außergewöhnliche Erlebnisse mehr toleriert als früher. In dieser »kulturellen Offenheit« könnten synchronistische Ereignisse freier erlebt, beobachtet und berichtet werden. Progoff ermutigt auch, »Miniaturprozessen« seine Aufmerksamkeit zu schenken und nicht nur dramatischen Erlebnissen von Synchronizität (1980). Er schlägt vor, auch zunächst unscheinbare Beobachtungen in ein Tagebuch zu notieren, um später Themen und Muster besser verstehen zu können. Also auch hier die Ermutigung, den Alltag bewusster zu erleben.

Diese Erweiterung der Synchronizitätsforschung um alltägliche Beobachtungen wurde von Alan Vaughan fortgesetzt. Er trug Entscheidendes bei zur Dokumentation und Interpretation synchronistischer Fälle. Vaughan entwirft eine vierfach gestufte Klassifikation synchronistischer Ereignisse, die von trivialen Gleichzeitigkeiten bis zu tiefgreifenden Erlebnissen reicht. Er betont die Häufigkeit synchronistischer Ereignisse und sieht sie als Hinweis auf ein »zugrundeliegendes Ordnungsprinzip im Universum«. Er glaubt, dass Synchronizität durch das menschliche Bewusstsein, das für ihn »holographisch« ist, miterschaffen wird: »Jedes Element hat Kenntnis vom Ganzen. So wie jede Zelle unseres Körpers Informationen über den ganzen Körper hat ... so hat jeder Mensch Informationen über das ganze Universum.« (S. 6) Letztlich ist das Bewusstsein für ihn schöpferisch und göttlich, und die Geheimnisse sind nie ganz zu entschlüsseln. Vaughans Buch bietet eine Fülle von Beispielen, wie Synchronizität »den Menschen passiert, wenn sie sie brauchen«. Auch er sieht diese Erfahrungen als Hilfe für Veränderungen im eigenen Leben. Bei ihm finden sich auch viele Beispiele, wie er Synchronistisches erlebt, während er am Thema Synchronizität arbeitet. Ich selbst erfuhr mehrmals dieses Phänomen der Mehrfach-Synchronizität ausgerechnet bei der Lektüre von Vaughans Buch. Es war wie eine humorvolle Bestätigung und Weiterführung dessen, was er in seinem Buch schrieb (siehe auch Seite 180f.).

Synchronizität und Verantwortung

Zu diesem Thema sind bei Wilhelm Gauger wichtige neue Aspekte nachzulesen. Er beschreibt und analysiert eine Fülle von synchronistischen Begebenheiten im Zusammenhang mit Literatur und eigenen Beobachtungen. Dabei zeigt er die oft komplexen Muster auf, die synchronistische Phänomene bilden, Muster, die mehrere Menschen, Themen, Symbole, Bücher oder Zeiten mit einbeziehen. Insbesondere verweist er darauf, wie bestimmte Literaturformen sinnvolle Zufälle förmlich an sich zu ziehen scheinen und wie bestimmte Tiere – unter anderem der von Jung beschriebene Rosenkäfer –

besonders eng mit dem sinnvollen Zufall zusammenhängen könnten. Diese Tiere spielen in den Mythologien vieler Völker eine wichtige Rolle. Ich selbst erlebte übrigens bei der Auseinandersetzung mit Wilhelm Gaugers Theorien mehrfach synchronistische Phänomene mit Rosenkäfern und werde Ihnen in Kapitel 9 davon erzählen.

Ausführlich befasst sich Gauger mit der persönlichen Verantwortung dessen, der Synchronizität erlebt, was auch bedeutet: bei allem Wissensdrang keine Festlegungen vorzunehmen, spielerischen Umgang mit den Phänomenen zu pflegen und sie nicht durch konzentrierte Erwartung zu vereiteln. »Über den sinnvollen Zufall lässt sich ... nur auf der Grundlage von Umgang und Erfahrung, der Beteiligung des einzelnen Subjekts sprechen – damit aufgrund anekdotischen Materials.« (1980, S. 155) Das bedeutet aber auch, dass mit Rücksicht auf die Intimsphäre vieles in diesem anekdotischen Material unausgesprochen bleiben muss, nur angedeutet werden kann. Und es bedeutet auch, dass es keine eindeutigen schlüssigen Erklärungen für die beobachteten Phänomene gibt: Laut Gauger bestimmen wir letztendlich selbst, was ein sinnvoller Zufall ist. Auch dies erfordert einen besonders verantwortlichen Umgang mit Synchronizität. Gauger (1988) listet eine Fülle von Aspekten in synchronistischen Phänomenen auf, unter anderem, dass diese oft bei intensiver geistiger oder seelischer Arbeit auftauchen, oft regelrechte Muster oder »Choreographien« entwickeln, und dass man sie mitbestimmen kann, indem man sich selbst ändert. Und sich selbst zu ändern kann bedeuten, nicht engen egoistischen Zielen zu folgen, sondern sich einzufügen in ein größeres Ganzes.

Synchronizität, Taoismus und Enträtseln der Botschaften

Das Sich-Einfügen, wie oben geschildert, ohne passive Unterwerfung unter eine Macht, findet sich als wesentliches Element in der taoistischen Weltanschauung. Hier ist jedes äußere Geschehen das, was es ist nur in Beziehung zu allem anderen. Eine Pflanze ist diese ganz bestimmte Pflanze nicht nur wegen der einzelnen Bestandteile, aus denen sie sich zusammensetzt, sondern im Zusammenhang mit dem Boden, auf dem sie steht, im Zusammenhang mit der Zeit, zu der sie gesät oder gepflanzt wurde. Ihr Sein hängt zusammen mit Wind, Regen, Licht, Dunkelheit, praller Sonne oder Schatten, Stand des Mondes, mit Tieren, die an ihr fressen oder sie befruchten, mit Menschen, die sie gießen, beschneiden, welke Blätter abzupfen. Eine Pflanze ist so, wie sie ist, auch wegen all der Informationen, die sie aus vielen vorhergehenden Generationen in sich trägt.

Ähnlich ist es aus der Sicht des Taoismus mit allem, was existiert, und mit allem, was geschieht. »Das Prinzip besagt, dass die Harmonie des Universums sich einstellt, wenn alle Dinge ihren eigenen Weg gehen dürfen, da jeder Vorgang auf der Welt › sein Eigenes ‹ nur in Bezug zu allen anderen verwirklichen kann«, sagt Alan Watts in seinem Buch »Der Lauf des Wassers«. In dieser Sicht der Welt sind auch »Innen« und »Außen« nicht voneinander zu trennen. Obwohl sie verschieden sind, bedingen sie sich gegenseitig. Deshalb ist der individuelle Lebensweg eines Menschen gleichzeitig auch der Weg des Universums, des Tao. Das Tao hat eine organische Ordnung im Unterschied zu einer mechanischen Ordnung von Ursache und Wirkung. Diese lebendige Ordnung ist wie jene, die man in den Formen von Wolken oder Eiskristallen findet, in den Wellenformationen am Strand, die das Wasser in den Sand gespült hat. Wasser bildet auch ein Sinnbild für das Tao: Es ist klar, und man kann hindurchschauen, als sei da nichts. Man kann es anfassen und fühlen, und doch zerrinnt es, wenn man es in der Hand festhalten will. Es kann verschiedene Formen annehmen und bleibt doch immer Wasser, egal ob es fließt, sich in einem See sammelt, im Meer, Regen, Dampf oder Eis. Es lässt sich beschreiben, aber nie ganz erfassen.

Das Tao lässt sich auch deshalb schwer erfassen, weil wir selbst ein Teil davon sind oder das Tao ein Teil von uns: »Gleich einem Schwert, das schneidet, doch sich selbst nicht schneiden kann; gleich einem Auge, das sieht, doch sich selbst nicht sehen kann.« (Zitiert nach Watts 1983, S. 5)

Ähnlich ist es mit synchronistischen Erlebnissen. Wir sind Teil von ihnen, und wir können versuchen, sie zu verstehen. Ganz erfassen aber können wir sie nie, und schon gar nicht mit naturwissenschaftlichen Methoden. Wir können versuchen, hinzuschauen und gleichzeitig die Sehschärfe nach innen zu richten. Wir können Fakten sammeln und gleichzeitig unsere Gefühle wahrnehmen. Wir können *mit* dem Fluss schwimmen statt *gegen* ihn.

Diese Art und Weise, synchronistische Phänomene unter dem Aspekt ihrer Einbindung in die kosmische Ordnung zu sehen, wurde vor allem von Jean Shinoda Bolen weiterentwickelt, einer amerikanischen Psychotherapeutin chinesischer Abstammung. In ihrem Buch »Das Tao der Psychologie« verbindet sie die jungianische Sichtweise mit der des Taoismus und betont vor allem das Gefühl des Eingebundenseins in etwas Größeres, das mit synchronistischen Erlebnissen verbunden ist.

Für diese Art der Wahrnehmung kann die reine Fähigkeit, äußere Abläufe zu beobachten und daraus logische Schlussfolgerungen zu ziehen, nur begrenzt hilfreich sein. Bolen unterscheidet deshalb *Kausalität* und *Synchronizität*. Zum Prinzip der *Kausalität* gehört *objektives* Wissen und die Fähigkeit zum logischen Denken. *Synchronizität* dagegen ist stets mit *subjektiver* Erfahrung verbunden, mit der Fähigkeit, einen subjektiven Zustand, ein Gefühl, einen Traum, einen Gedanken, eine Vision wahrzunehmen und sie intuitiv mit einem äußeren Ereignis zu verbinden.

Sie nennt diesen Ansatz den »Agatha-Christie-Ansatz«: Um ein Rätsel zu lösen, muss man seine Bedeutung verstehen. Miss Marple durchleuchtet die Persönlichkeit des Opfers und der Menschen in dessen Umgebung, lässt dann ihrer Intuition freien Lauf, und erst aus dem Zusammenhang vieler Faktoren erschließt sich die mögliche Bedeutung und Lösung. In Bezug auf die Synchronizität bedeutet ein solches Vorgehen: Man geht mit der Vermutung heran, dass ein Ereignis eine Bedeutung hat, die man mit detektivischer Kleinarbeit entdecken kann, sammelt Beobachtungen und versucht, sie intuitiv in ihrer Bedeutung zu erfassen.

Wenn es dem Betroffenen gelingt, die Beobachtungen in der Außenwelt als zusammenhängend mit eigenen Problemen zu erkennen, kann Synchronizität eine Hilfe sein, um Verantwortung für eine Veränderung zu übernehmen. Bei aller Beobachtung und bewusster Arbeit an sich selbst ist es jedoch gleichzeitig wichtig, sich selbst zu vergessen, sich einzufügen in den Strom des Lebens und sich in der Tretmühle des Alltags Zeit zu lassen für tiefe seelische Erfahrungen. Auch Bolen betont den Zusammenhang von Veränderungen im Leben und dem Finden eines neuen Weges mit Synchronizität. Für sie kann die erhöhte Wahrnehmung synchronistischer Phänomene sogar ein Zeichen für eine Reifung der Persönlichkeit sein und auch sie betont, dass synchronistische Ereignisse oft genau im richtigen Moment geschehen.

Im Deutschen sagen wir für »Moment« auch häufig »Augenblick«. Ein kleiner Ausschnitt der Zeit, ein »Augen-Blick«, Dinge geschehen im richtigen oder falschen Augenblick:

Dieses so beiläufig dahingesagte Wort kann uns auf wichtige Aspekte hinweisen. Es handelt sich um einen kurzen Moment, gleich einem Zwinkern. Beim Zwinkern sieht man für einen kurzen Moment nichts, aber dieser Moment ist so kurz, dass die Unterbrechung nicht auffällt. Die Zeit geht weiter, und doch werden einem vielleicht »die Augen geöffnet« in diesem kurzen »Augen-Blick«, wo Inneres und Äußeres zusammenfallen. Synchronistisches geschieht oft plötzlich, überraschend, »ehe man sich versieht«. Gerade eben war alles noch normal und einen Augenblick später hat ein synchronistisches Geschehen uns berührt und verzaubert.

Viele andere Autoren haben sich intensiv mit dem Thema des sinnvollen Zufalls befasst. Dies sind insbesondere Leibniz, Schopenhauer, Kammerer, Koestler, von Scholz. In neuerer Zeit haben Peat und Combs/Holland, Mansfield und Anderson einen sehr guten Überblick über den aktuellen Stand der Forschung gegeben.

Woran erkennt man einen sinnvollen Zufall?

Aus der Fülle von Definitionen, was ein sinnvoller Zufall beinhaltet, und aus meinen eigenen Beobachtungen habe ich im Folgenden die meines Erachtens wichtigsten Aspekte zusammengetragen. Sie sollen durch das Buch hindurch als roter Faden dienen, um die Fülle von Beispielen genauer anschauen und interpretieren zu können.

Diese hilfreichen Kriterien bei der Feststellung eines sinnvollen Zufalls werde ich beispielhaft auf das am Anfang dieses Kapitels geschilderte Fax-Erlebnis anwenden (siehe Seite 17). Sie selbst können diese Kriterien als eine Art Messlatte nehmen, um Ihre eigenen Erlebnisse auf ihren synchronistischen Gehalt hin zu überprüfen. Auf Seite 212f. dieses Buches finden Sie nochmals eine Zusammenfassung aller Punkte, die während des Lesens einen raschen Überblick ermöglichen.

1. Wir können einen sinnvollen Zufall nicht selbst verursachen. Er kommt unvorhersehbar. Ein sinnvoller Zufall lässt sich nicht planen, weder in seinem Zeitpunkt noch in seinem Inhalt, noch im Hinblick auf die beteiligten Personen. Er kommt »aus heiterem Himmel«, hat also immer etwas Überraschendes. Wir können uns zwar *grundsätzlich* innerlich darauf einstellen, dass uns in unserem Leben sinnvolle Zufälle begegnen können. Auf eine *konkrete* synchronistische Situation aber sind wir nie vorbereitet.

So konnte ich beispielsweise nichts dazu tun, dass sich ausgerechnet in jenem Moment Osiander meldete, und schon gar nicht mit diesem Anliegen. Zu diesem Zeitpunkt war es sogar eher unwahrscheinlich, denn ich hatte die Bestellung etliche Tage vorher aufgegeben, und normalerweise werden die Bestellungen dort sofort erledigt.

2. Ein sinnvoller Zufall hinterlässt einen tiefen emotionalen Eindruck auf uns. Carl Gustav Jung und Marie-Louise von Franz sprechen hier vom »Numinosum«. Es kann sein, dass wir uns tief verbunden fühlen, angerührt von dem kaum zu glaubenden Erlebnis, es kann sein, dass wir ein »Aha-Erlebnis« haben, dass wir »wie vom Blitz getroffen sind«. Es kann auch sein, dass uns unheimlich wird, insbesondere bei negativ gefärbten synchronistischen Erlebnissen.

Bei mir hinterließ mein Erlebnis am Schreibtisch einen tiefen Eindruck. Es war fast unheimlich, als würde für einen Moment die Zeit stillstehen. Alle Geräte, an denen ich arbeitete, spielten wie Musikinstrumente in einem Orchester zusammen die gleiche Melodie: vor mir der Computer, auf dem ich dieses

Buch schrieb, hinter mir das Fax, links neben mir das Blatt Papier mit der Bestellung und rechts neben mir die CD-ROM mit den Bücher-Informationen.

3. Ein sinnvoller Zufall hat eine symbolische Bedeutung. Er spricht eine symbolische Sprache wie ein Traum und kann ähnlich entschlüsselt werden. Diese Entschlüsselung ist jedoch nur möglich bei genauer Kenntnis und Analyse möglichst vieler umgebender Faktoren. Das lateinische Wort »numen«, von dem »Numinosum« abgeleitet ist, bedeutet »Wink«. Ein sinnvoller Zufall kann also als »Wink des Schicksals« gedeutet werden.
Die symbolische Qualität meines geschilderten Erlebnisses bewegt sich auf vielen Ebenen. Ein Symbol lässt sich ja nie mit einem Wort erfassen, lässt sich aber auch mit noch so vielen Worten nicht bis ins letzte Detail ausleuchten. Ein Symbol steht »für etwas«, ist wie ein Sinnbild, das *mehrere* Bedeutungen hat. Nirgendwo stand in meinem Erlebnis etwa wortwörtlich: »Hier ist dein gesuchtes Beispiel für den Anfang des Kapitels.« Niemand sagte wortwörtlich: »Ich bringe hier alle wichtigen Orte deines Lebens zusammen, die für dein Schreiben eine Bedeutung hatten, um dich zu ermutigen.« Nirgendwo tauchte wortwörtlich die Botschaft auf: »Siehst du, es gibt Synchronizität, ich wollte dir das nur noch einmal bestätigen und dir den notwendigen Schubs geben.«
All das sind Botschaften, die ich aus diesem Ereignis zu diesem Zeitpunkt in meinem Leben für mich herauslese. Diese Botschaften lassen sich nicht verallgemeinern, sie gelten nur für mich. Einen »objektiven Sinn« in synchronistischen Erlebnissen gibt es nicht. »Sinn« ist immer etwas zutiefst Subjektives, auch wenn dieser subjektive Sinn uns in Verbindung mit etwas Größerem bringt, das vielleicht allgemeine Gültigkeit hat.

4. Ein sinnvoller Zufall ereignet sich oft an einem Punkt des Übergangs im Leben. Dies können sowohl äußere Veränderungen sein als auch innere Entwicklungen. Sehr häufig, aber auf keinen Fall ausschließlich, treten synchronistische Phänomene um Veränderungen wie Geburt, Heirat, Tod, Ortswechsel, Berufswechsel, Trennung auf. Es kann auch durchaus vorkommen, dass sie auftauchen, wenn noch keine Veränderung stattgefunden hat, diese aber dringend notwendig wäre. So können sie aufmerksam machen auf diese noch anstehenden Aufgaben und damit helfen, »Not zu wenden«.
Mein Erlebnis fand zu einem Zeitpunkt statt, an dem in meinem Leben mehrere große Veränderungen eintraten. Rein äußerlich gab es kurz vorher eine große Ortsveränderung. Der Beginn der Arbeit an diesem Buch fand in Süddeutschland statt, sozusagen im Dunstkreis der betreffenden Buchhandlung. Die Endphase findet mich in einem weit entfernten Ort, und doch fallen beide Orte in diesem Erlebnis zusammen. Übergänge und Veränderungen können einen auch wieder in Bezug bringen zu wichtigen früheren Lebensphasen: »Kreise schließen sich«.

5. Häufig passiert um synchronistische Phänomene herum eine Verzögerung. Diese sorgt oft erst dafür, dass der »richtige Augenblick« abgepasst wird, damit eine Gleichzeitigkeit überhaupt zustande kommt: Erst durch die Verzögerung »passt« dann alles zusammen!
In meinem synchronistischen Erlebnis »musste« es sozusagen zu einer Verzögerung kommen, »damit« diese Gleichzeitigkeit auftreten konnte. Wäre die Bestellung sofort erledigt worden, hätte ich zu irgendeinem früheren Zeitpunkt lediglich ein Fax auf dem Schreibtisch gefunden, das ich wie jedes andere beantwortet hätte.
Das Element der Verzögerung kommt noch in anderer Hinsicht zum Tragen: Ich verzögerte das Schreiben am Buch, indem ich mich mit der Literaturbestellung befasste. Hätte ich –

wie geplant – sofort mit dem Schreiben begonnen, wäre das Fax zu jenem Zeitpunkt lediglich zur Unterbrechung geworden (und dieses ganze Kapitel hätte anders ausgesehen ...!). Hierin kann die tröstliche Botschaft stecken: Es muss kein Drama und kein Versagen sein, etwas nicht wie geplant durchzuführen. Verzögerungen können neue kreative Elemente in den Fluss des Geschehens hineinbringen. Als Alibi für Faulheit ist ein solches Argument jedoch nicht anzuwenden. Auch hier geht es um den verantwortlichen Umgang mit dem Phänomen.

6. Häufig gibt es einen »Boten«, einen Vermittler in sinnvollen Zufällen. Dies kann eine Person sein, aber auch ein technisches Medium wie Telefon, Brief, Fax.
Diese Boten waren in dem geschilderten Erlebnis gleich mehrfach vorhanden. In den letzten Jahren beobachte ich immer öfter, wie sich bei der Benutzung von technischen Kommunikationsmedien wie Telefon, Computer, Fax synchronistische Phänomene in meinem Leben häufen. Jüngst fand ich in der Tageszeitung einen ersten Hinweis auf Synchronizität im Internet. Mehr darüber in Kapitel 2, Seite 49ff.

7. Häufig gibt es – selbst in eher negativ gefärbten synchronistischen Erlebnissen – einen Grund zum Lachen. Die »Ironie des Schicksals« zwingt uns oft zu unserem Glück. Man kann durchaus gelegentlich das Gefühl haben, dass da ein raffinierter Drehbuchschreiber mit einem Gespür für besondere Gags am Werke ist.
Als alle meine Arbeitsgeräte miteinander »spielten«, musste ich jedenfalls laut lachen. Eigentlich hatte ich mich ja davor drücken wollen, endlich mit dem Schreiben des Einführungskapitels zu beginnen. Neben der Ermutigung, die in diesem Erlebnis steckt, war es auch fast so, als hätte mir jemand einen neckischen, freundlichen Streich gespielt und gesagt: »Ätsch, du wolltest dich drücken, jetzt hab ich dich!«

8. Synchronistische Ereignisse können komplexe Muster bilden. Mitunter sind mehrere Themen, mehrere zeitliche Querbezüge, mehrere Orte, mehrere Personen in verschiedenen Verschränkungen miteinander verbunden. Das macht es gelegentlich schwierig, die vielen Aspekte zu ordnen, und noch schwieriger, sie anderen mitzuteilen.

In meinem Beispiel wurden mehrere Orte, mehrere Inhalte, mehrere Zeiten meines Lebens miteinander verwoben wie teilweise bereits erwähnt.

9. »Synchronizität der Synchronizität«. Bei der Beschäftigung mit dem Thema Synchronizität kann es gehäuft zu synchronistischen Erlebnissen kommen.

Um eine solche handelt es sich im geschilderten Fax-Beispiel eindeutig. Ich erlebte diese Begebenheit, während ich mich in mehrfacher Hinsicht mit dem Thema Synchronizität befasste. Es ging um Literatur über Synchronizität, ich kontrollierte die Bestellung von Büchern über dieses Thema. Und in diesem Moment meldete sich das Fax mit einer Frage zum Thema. Indem diese Frage zum Thema Synchronizität genau zum bewussten Zeitpunkt gestellt wird, vermittelt sie wiederum Informationen über die Synchronizität der Synchronizität.

Nicht alle diese Faktoren müssen bei einem sinnvollen Zufall zusammenkommen. Die ersten drei allerdings halte ich für zentral, um einen sinnvollen Zufall von einem banalen Zufall, einem lediglich zeitlichen Zusammentreffen, zu unterscheiden. Aber selbst bei einem banalen Zufall kann es immer noch möglich sein, dass ein tieferer Sinn in ihm verborgen ist, der sich uns erst später (oder auch gar nicht) erschließt. Wenn dies der Fall ist, stoßen uns gegebenenfalls weitere synchronistische Ereignisse mit der Nase auf das, was wir nicht wahrhaben (»wahr-haben«!) wollen.

2 Ein Zufall kommt selten allein: Häufung von Themen, Namen und Zahlen

Den meisten von uns ist eine bestimmte Form von Synchronizität im Alltag vertraut – wiederholtes Auftreten von Namen, Zahlen oder Themen in kürzestem Zeitraum. Da trifft man vielleicht innerhalb eines Tages gleich vier Leute, die Fritz heißen, oder bei einer Einladung stellt man fest, dass von zehn Leuten drei am gleichen Tag Geburtstag haben und zwei davon sogar im gleichen Jahr geboren sind. Oder innerhalb von zwei Tagen wird einem gleich zweimal dasselbe Buch von verschiedenen Menschen empfohlen – und zwar nicht eines, das sowieso auf der Bestsellerliste ist und das »man« jetzt liest, sondern eines aus dem achtzehnten Jahrhundert.

Inwieweit es sich bei solchen Häufungen um einen einfachen oder einen sinnvollen Zufall handelt, können diejenigen, die er betrifft, nur selbst beurteilen.

Manchmal beginnt auch ein komplexes synchronistisches Muster mit einer ganz einfachen Begebenheit. Das war der Fall, kurz bevor ich mit dem Schreiben dieses Kapitels begann. Wie schon beim ersten Kapitel wurde mir auch diesmal wieder das Anfangsbeispiel »frei Haus« geliefert, und zwar durch das Radio – in einer Weise, die weit auseinanderliegende Zeiten und Räume miteinander verband.

Musikalische Verknüpfungen von Raum und Zeit

Es begann beim Frühstück mit einem Song von Cat Stevens aus den siebziger Jahren, der bei meinem zweiten längeren Studienaufenthalt in Kalifornien vor 20 Jahren mein Lieblingslied war. Der Text des Songs spiegelte meine damalige Lebenssituation.

Kurz darauf spielte im Radio ein anderes Lied (Jonny Nash, »I can see clearly now, the rain is gone«), das in allen drei USA-Aufenthalten eine wichtige positive Rolle spielte. Zum ersten Mal hörte ich es 1973, als ich in einer psychiatrischen Klinik in Oakland ein Praktikum machte. Immer nach Gruppentherapiesitzungen, wenn ein Gruppenmitglied wieder ein Stück weiter in seiner Entwicklung gekommen war, wurde dieses Lied aufgelegt, und wir sangen und tanzten dazu. Seitdem stand es für mich immer für einen positiven Durchbruch in schwierigen Lebenssituationen.

Noch dieses Lied summend ging ich dann zum Briefkasten – und dort lag unter anderem auch Post aus den USA: zum einen von meiner Kollegin und Freundin Susan, die sich ebenfalls intensiv mit dem Thema Synchronizität befasst und für die außerdem Kunst eine wichtige Rolle spielt; zum anderen eine amerikanische Kunstzeitschrift, die vierteljährlich erscheint und sehr unregelmäßig hier ankommt. In dieser Zeitschrift hatte ich gerade einen Artikel über eine deutsche Künstlerin veröffentlicht. So schien es fast logisch, dass in der übrigen Post auch eine Einladung lag, die mir ausgerechnet diese Künstlerin für ihre nächste Ausstellung schickte ...

Nun ja, sagen Sie jetzt vielleicht, das ist ja alles ganz nett, aber weshalb soll das bedeutsam sein? Sie haben Recht: Für sich genommen und für einen Unbeteiligten ist das alles nicht weltbewegend. Aber es ging weiter: Denn kaum hatte ich den Brief und die Einladung gelesen, lief auf einem anderen Radiosender ein alter Beatles-Song, der mich an die Zeit der Scheidung meiner ersten Ehe erinnerte. Ich wunderte mich, dass ausgerechnet dieses Lied in der Sammlung von »positiven« Liedern dieses Morgens auftauchte. Wie so oft in solchen Situationen schaute ich dann in meinen Tagebüchern nach und war eigenartig berührt: Auf den Tag genau vor 20 Jahren fand der Scheidungstermin statt, und ich verließ meinen damaligen Wohnort. Einige Tage später flog ich in die USA zu einem längeren Studienaufenthalt. Bewusst war mir dieses Datum nicht in Erinnerung.

Um den Reigen abzurunden, kam ausgerechnet am selben Tag, als ich diese Lieder im Radio hörte, ein deutscher Studienfreund, den ich damals in den USA kennen lernte, von einem Wiedersehenstreffen ebenjenes Studienjahrgangs aus San Francisco zurück. Ich konnte nicht hinfahren – aber in dieser Fülle von kleinen »Zusammenfällen« (co-incidences), die meine längeren USA-Aufenthalte miteinander verbanden, fühlte ich mich selbst sehr verbunden mit all diesen Phasen meines Lebens und wie auf einer Welle getragen. Dass in all dem Positiven auch die Erinnerung an die Scheidung auftauchte, widerspricht dem nicht: Auch »negative« Ereignisse sind ein Teil unseres Lebens, der uns hilft, in unserer Entwicklung ein Stück weiterzukommen. In einer Situation des Übergangs sind Licht und Schatten oft dicht beieinander wie beim Sonnenauf- und -untergang.

Diese Erlebnisse, die ich Ihnen soeben schilderte, fanden aber eine weitere Fortsetzung, die das Muster noch komplexer machten: Am selben Tag rief eine andere kalifornische Freundin aus dieser Studienzeit an, die einige Tage später beruflich in unserer Gegend zu tun hatte und mich besuchen wollte. Ich wiederum hatte damals nach der Scheidung die ersten Tage in den USA in ihrem Haus gelebt. Nun kündigte sie mir in ihrem

Telefonat an, wann sie in der nächsten Woche ankommen würde: auf den Tag genau 20 Jahre, nachdem ich bei ihr zu Gast war!

Das Spiegelbild im Flugzeug

Noch merkwürdiger berührte es mich, in den folgenden Tagen nach dieser Begebenheit einen Brief von jenem erwähnten Freund (Peter) zu bekommen, der vor kurzem aus Kalifornien zurückkam. Er schrieb, er habe auf dem Rückflug neben einer Frau gesessen, die nicht nur im gleichen Ort in Süddeutschland wohnt wie er, sondern auch noch direkt um die Ecke in der Buchdruckerstraße. Peter wiederum arbeitet in einem von seinem Wohnort 400 Kilometer entfernten Ort und hat dort eine Zweitwohnung in der Buchdruckerstraße! Seine Sitznachbarin arbeitet in derselben Firma, in der er während des Studiums ein Praktikum machte. Er beschrieb noch eine Fülle kleinerer merkwürdiger Details und Parallelen. Eigenartigerweise kam die Frau von einem Esoterik-Seminar in den USA, und ich vermute, dass in ihrem Leben diese vielen Parallelen ebenfalls eine Bedeutung haben. Obwohl diese Nachbarin und Peter dieselbe Stammkneipe in der Nachbarschaft haben, in der er am Wochenende oft ist, sind sie sich nie begegnet. Auch hier also das Element der Verzögerung: Sie sind sich nie begegnet, obwohl sie sich seit Jahren im gleichen Umfeld bewegen, und gerade diese Tatsache macht dieses synchronistische Treffen so erstaunlich.

Frappierend war aber auch, dass diese Begegnung exakt in jenen Stunden (die Zeitverzögerung berücksichtigt!) stattfand, als ich mein Erlebnis an diesem Tag aufschrieb.

Auch Reisen ist ein Übergang, und nach meinen Beobachtungen ziehen Reisen synchronistische Begebenheiten fast magisch an. Beim Reisen verwischen die Kategorien von Zeit und Raum genau wie bei synchronistischen Begebenheiten. Als Reisender befinden Sie sich zwar, wenn Sie nicht aufstehen, noch im selben Sitz in der Bahn, im Auto, im Flugzeug – aber der Zug, das Auto, das Flugzeug sind in dieser Sekunde schon woanders. Sie sind am selben Ort, und gleichzeitig sind Sie es auch nicht. Der Moment lässt sich nicht festhalten. Sie haben keinen festen Boden unter den Füßen, bewegen sich durch Zeit und Raum ohne die festgefügten Kategorien, in denen Sie sonst leben. Und Sie wissen nicht exakt, wie der Tag weiter verlaufen wird, es kann viel mehr Unvorhergesehenes geschehen als sonst. Und Sie können Menschen begegnen, die sonst Ihren Weg nicht kreuzen würden.

Manchmal scheint es auch so zu sein, als wenn synchronistische Begebenheiten sich fast spiegelbildlich ereignen – wie im oben geschilderten Fall: Ich erlebte hier in Deutschland etwas, was mich mit den USA verband. Peter erlebte während des Übergangs von den USA nach Deutschland etwas, was ihn mit seinem Zuhause in Deutschland verband. Ich selbst schrieb gerade an einem »esoterischen« Thema, das in die USA hineinreicht, und in Peters synchronistischem Ereignis kommt seine Partnerin gerade von einem esoterischen Seminar in den USA.

Alles zusammengenommen ist wie ein großer, harmonischer Tanz mit vielen Teilnehmern, vielen Themen, raumübergreifend, zu immer neuen Formationen sich fügend. Als Tanz erkennbar ist dies aber nur, indem sich die Beteiligten einander mitteilen, in Austausch treten, Kontakt aufnehmen, miteinander sprechen. Hätten Peter und seine Sitznachbarin den Flug schweigend verbracht, hätten sie nie erfahren, welche atemberaubenden Synchronizitäten ihr Leben miteinander verbinden. Hätte ich Peter (übrigens ein Wissenschaftler, für den in der Regel nur harte Fakten zählen) nicht von meinem Interesse an Synchronizität erzählt, hätte er mir diese Beobachtungen nicht mitgeteilt. Das lässt den Schluss zu: Je weniger Sie sich im Umgang mit anderen Menschen hinter einer Fassade verschanzen, umso mehr werden Sie synchronistische Verbindungen beobachten!

Ein brauner und ein schwarzer Schuh und eine Tragetasche auf Reisen

Eine merkwürdige Geschichte erlebte ich vor längerer Zeit ebenfalls auf Reisen. Ich befand mich auf der Weiterreise von einer Tagung, auf der ich einen Vortrag gehalten hatte. Mich beschäftigte seit einigen Wochen ein Thema, das mit einer früheren Beziehung zu tun hatte und das mich damals in meiner eigenen Entwicklung bremste und mich am Voranschreiten hinderte. Ob es uns angenehm ist oder nicht: Manche Lebensthemen tauchen wie auf einer Spirale immer wieder auf, jedes Mal auf einer anderen Ebene. Wir können uns dagegen wehren, uns »zur Vernunft rufen«, die Themen verdrängen. Oder wir können akzeptieren, dass es so ist, wie es ist, und können die Verantwortung dafür übernehmen.

Nun befand ich mich also im Zug auf dem Weg zu einer anderen Veranstaltung. Mit mir im Abteil saß ein ungepflegter älterer Herr, der ununterbrochen auf mich einredete. Er trug keine Socken, dafür aber einen braunen und einen schwarzen Schuh. Ich flüchtete vor ihm in den Speisewagen. Dieser war stark besetzt, und so fragte mich ein anderer Fahrgast, ob er sich zu mir an den Tisch setzen dürfe. Wir begannen ein Gespräch, und es stellte sich heraus, dass er aus Straßburg kam und in einen Ort (A.) fuhr, der fast genauso heißt wie mein Wohnort. Bis kurz vor dieser Reise hatte dort auch jener ehemalige Freund von mir gewohnt, den ich zuletzt vor einigen Jahren auf einer anderen Tagung gesehen hatte. Meine erste Reise mit diesem Freund hatte nach Straßburg geführt.

Nun gut, solche Zufälle nimmt man zunächst einfach zur Kenntnis. Aber mein Zugnachbar erzählte noch weiter: Er sei eingeladen, an einem Forschungsinstitut in A. einen Vortrag zu halten, und er habe großes Lampenfieber. Ich fragte nach, welches Institut ... wusste es aber eigentlich schon, bevor er antwortete: Es handelte sich um die Arbeitsstelle des ehemaligen Freundes.

Auch hier spannt sich also wieder ein großer Bogen über Raum und Zeit hinweg. Ortsnamen häufen sich, das Thema Übergang/Reisen wird mehrfach variiert, das Thema Tagung/Forschung/Vortrag ist mehrfach vorhanden und all das geschieht, nachdem ich unvorhergesehen meinen reservierten Platz aufgebe und mich in die »Öffentlichkeit« des Speisewagens bewege.

Äußerst merkwürdig aber war die Fortsetzung meiner Zuggeschichte: Nachdem ich in Köln in Richtung Bremen umgestiegen war, las ich in der Zugzeitschrift unter der Rubrik »Bahngeschichten« die Geschichte eines Stuttgarter Lesers, der von einer Bahnreise nach Bremen zu seiner früheren Jugendfreundin berichtet. Bei der spärlichen Beleuchtung im Schlafwagen hatte er, der neue braune Schuhe hatte, aus Versehen beim Anziehen einen alten schwarzen Schuh seines Abteilnachbarn erwischt. So stieg er mit einem braunen und einem schwarzen Schuh an den Füßen aus. Er bemerkte es erst Stunden später. Alles Nachforschen bei der Bahn hatte keinen Sinn: Sein Schuh war nicht mehr aufzufinden.

Diese Geschichte aus der Zugzeitschrift nahm ich mit. Hier schien mir wirklich ein Schalk am Werk zu sein, der einfach gern Unsinn macht, ein Kobold, der mit Vorliebe die Dinge durcheinander würfelt und sich an der Verwirrung freut. Denn, wie Sie sich erinnern, trug mein Abteilnachbar ja ebenfalls einen braunen und einen schwarzen Schuh!

Im Englischen gibt es das Sprichwort, dass der Blitz immer zweimal einschlägt, und die Synchronizitätsliteratur hat eine Fülle von Beispielen parat, wie sich Themen scheinbar zusammenhanglos häufen können. Paul Kammerer prägte schon Anfang dieses Jahrhunderts den Begriff vom »Gesetz der Serie«. Der Australier Ken Anderson widmet dem »Clustering Effect«, dem Effekt der Häufung, ein eigenes Kapitel in seinem Buch über Zufälle. »Cluster« heißt auch »Traube«, und das ist ein schönes Bild für die Vielschichtigkeit und Verzweigung synchronistischer Ereignisse. Anderson kann diesen Effekt der Häufung von Themen aber ebenso wenig erklären wie Kammerer. Ich kann es auch nicht. Auf die Schuh-Symbolik allerdings werde ich weiter unten noch eingehen.

Zunächst aber die Fortsetzung der Geschichte, in der die Themen noch weiter variiert wurden: Als ich all diese Beobachtungen damals während der Bahnfahrt – nunmehr in einem anderen Abteil mit einem anderen Gegenüber – in mein Notizbuch schrieb, fiel mein Blick auf den Sitz gegenüber. Mein Abteilgenosse hatte dort eine Plastiktasche deponiert mit der Aufschrift eines großen Stuttgarter Kaufhauses. Der erwähnte Jugendfreund war in Stuttgart aufgewachsen, und seine Familie stammte aus Bremen (in der Bahngeschichte kamen Stuttgart und Bremen vor, und der Zug, in dem ich saß, war auf dem Weg nach Bremen!). Und als ich den Namen des Geschäftes las, hatte ich sofort den Klang seiner Stimme im Ohr – die Familie wohnte in der Nähe dieses Geschäftes, und er kaufte öfter dort ein. Mein Gegenüber im Bahnabteil arbeitete übrigens am Stuttgarter Theater und das einzige Mal, bei dem ich mit diesem Jugendfreund eine Theatervorstellung besuchte, war natürlich in Stuttgart gewesen.

Als ich wieder zu Hause war, gab mir einen Tag später eine Freundin Bücher zurück – in einer Plastiktasche von ebendiesem Stuttgarter Kaufhaus. Sie war gerade an jenem Wochenende in Stuttgart (600 Kilometer entfernt!) gewesen.

Was aber bedeutet nun dies alles? Als es sich ereignete, berührte es mich zwar, aber ich konnte keinen Sinn darin entdecken. Erst im Nachhinein wurde mir einiges deutlicher. Es schien wie eine Vorbereitung auf das Wiedersehen mit dem ehemaligen Freund, von dem ich zu diesem Zeitpunkt noch nichts wusste. Denn einige Tage nach dieser Begegnung im Zug stellte sich heraus, dass er seinerseits in der Nähe meines Wohnortes einen Vortrag halten würde – und zwar ausgerechnet an einem Institut, an dem ich früher gearbeitet hatte! Nachdem wir uns jahrelang nicht gesehen hatten, trafen wir uns dann dort wieder.

Ob wir es wollen oder nicht: Unsere ersten Liebesbeziehungen prägen uns für das ganze Leben, und unerledigte Themen aus diesen Beziehungen tauchen zu späteren Zeiten wieder auf. Auf diese Verknüpfungen hat der Familientherapeut Bert Hellinger in jüngster Zeit eindringlich hingewiesen. Er spricht sogar von »Ordnungen der Liebe«. In dem hier geschilderten Erlebnis geht es auch um ein Ordnen, ein neues Sortieren, um eine Klärung von Themen, die weit zurückliegen und die gegenwärtige Entwicklung störten.

Hier klangen Themen an, die früher eine Rolle gespielt hatten und stets zu Reibereien führten. Vielleicht waren der braune und der schwarze Schuh doch ein Symbol dafür? Etwas passt nicht zusammen, die Farben harmonieren nicht, man kann auf solchen Schuhen nicht zusammen durchs Leben gehen und belässt es besser bei einer Jugendfreundschaft, statt zu heiraten. In einem alten russischen Hochzeitsbrauch wird die Serviette des Bräutigams wie ein Schuh gefaltet. In Nordchina symbolisiert ein Paar Schuhe die Harmonie eines Paares, und man gibt gern Schuhe als Hochzeitsgeschenk. Angeblich wird dort das Wort »Schuhe« sogar genauso ausgesprochen wie das Wort »gegenseitiges Einvernehmen«. Umgekehrt gibt es bei uns die Redewendung »das sind zwei Paar (!) Schuhe« für Angelegenheiten, in denen Differenzen auftreten. Ein brauner und ein schwarzer Schuh stammen aus »zwei Paar Schuhen«, die nicht miteinander harmonieren. Darüber hinaus sei an Hermes, den Götterboten erinnert. Hermes ist der Gott der Grenzen, aber auch der Gott der Schwellen, der Übergänge. Er wird als Gott mit geflügelten Schuhen dargestellt, er ist der Gott der Reisenden, der den Reisenden auch Steine aus dem Weg räumt.

Mir half diese Häufung von Ereignissen, mir selbst Steine aus dem Weg zu räumen, die meinen Lebensweg auf einer sehr tiefen Ebene behinderten und noch mit dieser früheren Lebensphase zu tun hatten. Der Sinn erschloss sich aber nicht so ohne weiteres. In solchen Fällen kann es oft hilfreich sein, in mehreren guten Lexika über Symbole nachzuschauen.

In jedem Fall ist es sinnvoll, die Einzelheiten und die genauen Daten einer solch auffälligen und zunächst verwirrenden Begebenheit zu notieren und sich Zeit zu lassen, um zu einem späteren Zeitpunkt den Sinn besser erfassen zu können.

Die Symbolik geht noch viel tiefer, aber mit Rücksicht auf die beteiligten Personen führe ich sie nicht aus. Dies wird auch bei vielen anderen Beispielen in diesem Buch geschehen müssen.

Befassen wir uns im Folgenden stattdessen mit Hermes, dem Archetyp des Schelms, dem Gott der Reisenden, der noch öfter in diesem Buch auftauchen wird, indem er Dinge, Themen, Menschen, Zeiten zusammenfügt oder durcheinander wirbelt.

Hermes, der Götterbote mit Sinn für Humor

Hermes ist kein Gott, der sichtbar wird, kein Geist, der als Spuk mit den Augen zu sehen ist, keine Person, die in synchronistischen Erlebnissen real anwesend ist ... Es handelt sich um einen Archetyp, eine tief im Menschsein verankerte Erfahrung von Wirkprinzipien, die in der Mythologie vieler Kulturen eine wichtige Rolle spielen.

»...Wenn ein Archetypus im Traum, in der Phantasie oder im Leben erscheint, bringt er einen besonderen ›Einfluss‹ oder eine Kraft mit sich, vermöge welcher er *numinos* resp. faszinierend oder zum Handeln antreibend wirkt«, sagt Carl Gustav Jung (GW 7, §109). In dem oben geschilderten Beispiel trieb er dazu an, jene seelischen Themen zu bearbeiten, die die Entwicklung blockieren. Archetypen gehören weder ganz zur Innenwelt noch ganz zur Außenwelt. Combs und Holland sehen sie »eingeflochten in das innerste Gewebe des Kosmos«. (S. 106)

Etliche griechische Götter repräsentieren Archetypen. Sie wirken in den menschlichen Bereich hinein und haben selbst auch stark menschliche Züge. Sie stellen existentielle Aspekte des Menschseins und der Natur dar. Auf welche Weise griechische Göttinnen als Archetypen des Weiblichen auch in modernen Frauen wirksam sein können, hat beispielsweise Jean Shinoda Bolen in ihrem Buch »Göttinnen in jeder Frau« beschrieben, in dem es um innere Wirkprinzipien und deren Widerschein in der äußeren Welt geht.

Auch synchronistische Erlebnisse tragen diese beiden Aspekte von innen und außen, von innerpsychischem Erleben und äußerer Wirklichkeit. Sie sind wie eine Öffnung vom Alltag zum Wunderbaren, vom Banalen zum Göttlichen. Inmitten der geordneten Abläufe ereignet sich plötzlich etwas Wunderbares, Überraschendes, Paradoxes, etwas, das »der üblichen Meinung entgegensteht«, wie die Übersetzung von »Paradox« lautet.

Gleichzeitig scheint das, was so unerwartet und gelegentlich widersinnig wirkt, von einer inneren Logik durchzogen, als sei eine höhere, intelligente Instanz am Werk – ein Gott, der die Fäden zieht, an denen wir Menschen tanzen. Jemand, der zu wissen scheint, in welches Muster er uns einfügt, aber der auch seinen Schabernack mit uns treibt, uns hin und wieder auslacht und die lange Nase zeigt, gelegentlich mit unerbittlichem Humor auf anstehende Aufgaben hinweist – und eben auch liebevoll Dinge, Menschen und Ereignisse so arrangiert, dass sie zum inneren Wachstum beitragen.

Ein solches Wirkprinzip ist der Archetyp des Schelms oder *Tricksters*, der in verschiedenen Kulturen verschiedene mythische Ausformungen erfährt und verschiedene Namen trägt. In unserer Kultur kommt der griechische Gott Hermes diesem Archetypen am nächsten. Er ist ein sehr vielschichtiger Gott, der viele Gegensätze in sich vereint: Er ist der Schutzgott der Kaufleute, aber auch der Diebe. Er ist ein Glücksbringer, aber auch der Führer der Seelen in die Unterwelt. Er ist der Bote der Götter, der mit seinen geflügelten Schuhen fast gleichzeitig an mehreren Orten auftauchen kann, hier und dort, an beiden Seiten der Schwelle, innen und außen. Nicht nur an der Türschwelle findet sich sein Bereich, sondern auch an den Schwellen zwischen verschiedenen menschlichen Erfahrungsebenen. So ist er auch der Gott der Menschen, die unterwegs sind, eben der Kaufleute, der Diplomaten, Reisenden, Wanderer, Boten, Diebe.

Unterwegs sind Menschen nicht nur, indem sie sich äußerlich von einem Ort zum anderen begeben, sondern auch, indem sie sich innerlich weiterentwickeln oder im intensiven

Austausch mit anderen Menschen sind. Kein Wunder, dass Bewegung, innerlich und äußerlich, zu den Elementen der Synchronizität zählt. Dies wurde in den bisher geschilderten Beispielen bereits deutlich. Übergänge erfolgen in der psychischen und in der realen Dimension, und Hermes bewegt sich in beiden Bereichen gleichzeitig, bewegt sich in der göttlichen wie in der menschlichen Dimension und übermittelt seine Botschaften.

Ich deutete schon an (Seite 35), wie faszinierend dabei der Aspekt ist, dass auch ein Götterbote mit der Zeit geht: Er baut moderne Medien wie Luftpostbriefe, Telefone, Fax-Geräte in seine Aktivitäten ein, und neuerdings sogar das Internet.

Die folgende Verkettung von »Zufällen« erschien den Beteiligten so merkwürdig, dass es darüber sogar einen großen Bericht in der hiesigen Lokalzeitung gab:

Ein amerikanischer Austauschschüler war zwei Tage zuvor bei seiner deutschen Gastfamilie angekommen und hatte sich noch nicht zu Hause gemeldet. Sein Großvater machte sich Sorgen um ihn und versuchte, über Internet Kontakt zu ihm aufzunehmen. Da seine Gasteltern keinen Internet-Anschluss hatten, suchte er im Ortsverzeichnis des kleinen Ortes einen beliebigen Anschluss heraus, erreichte Herrn H. und bat diesen, den Enkel zu kontaktieren. Herr H. plante, dies später am Tag zu tun – es war Samstag –, und erzählte die Geschichte beim Mittagessen seiner Freundin, die die Apotheke am Ort führte. Kaum hatte er den Namen der Gastfamilie genannt, wurde die Notfallklingel bedient: Der Kunde, der so dringend ein Medikament brauchte, war der Gastvater des amerikanischen Schülers! Als die Apothekerin ihn fragte, ob das Medikament für seinen Gast sei, war er sehr erstaunt. Er kannte die Apothekerin nicht, und sie ihn nicht. Woher sollte sie von seinem amerikanischen Gast wissen?

Die innerpsychischen Anteile bei allen Beteiligten sind mir nicht bekannt. Auffällig ist aber, dass der Großvater sich wohl zu Recht Sorgen machte: Sein Enkel war krank, er suchte sich »zufällig« ausgerechnet den Freund der Apothekerin als Internet-Partner, und das Schicksal führte alle Seiten durch diese Krankheit zusammen.

Als ich mit Herrn H. sprach und ihm etwas über Synchronizität erzählte, stellte sich heraus, dass er Psychologie studiert hatte und einen mit mir befreundeten Psychologen gut kennt. Spontan schlug er vor, er wolle das Thema Synchronizität im Internet zur Diskussion stellen. Ich selbst habe keinen Internet-Anschluss, aber die erste Botschaft, die mich vermittelt durch Herrn H. per Fax erreichte, waren wieder eindrucksvolle Fäden voller synchronistischer Namenshäufungen, die der gute alte Götterbote in der »neuen Welt« des internationalen Netzwerkes (»Inter-Net«) miteinander verknüpfte!

In der christlichen Kultur sind Engel die Boten Gottes. Sie verkörpern aber ausschließlich den positiven Aspekt. Der negative oder tricksterhafte Aspekt ist abgespalten – als Luzifer, der Teufel, der aber »Lichtbringer« heißt.

Hermes, der Trickster, der Schelm, der Götterbote repräsentiert beide Seiten, den Seelenführer wie den Irreführer. Interessanterweise ist er auch der Erfinder des Feuers. Und er scheint auch öfter seine Hände im Spiel zu haben, wenn es um »Synchronizität der Synchronizität« geht: Während ich dieses Kapitel schrieb, wurde ich in synchronistischer Weise auf alle möglichen Aspekte des »Engel-Themas« gleichzeitig aufmerksam gemacht.

Eine gute Bekannte, der ich für dieses Buch sehr viel verdanke, berichtete mir am Telefon, dass sie in den letzten Tagen merkwürdig oft mit dem Thema Engel in Berührung käme. Ich wiederum hatte eher beiläufig, kurz bevor sie anrief, ein kleines Büchlein mit dem Titel »Vom Engel berührt« von Dan Lindholm aus dem Regal genommen! Ich wollte dort für ein anderes Kapitel etwas nachschauen.

Nun stellte ich fest, dass ein Merkzettel bei der Geschichte steckte, die den Titel trägt: »Nur ein Zufall?«. In dieser Geschichte spielen zwei antike Kerzenleuchter (Lichtträger!) die Hauptrolle, und die Geschichte ist so »verteufelt«, dass man die Handschrift des Schelmen, der die Beteiligten »zum Narren hält«, mühelos wiedererkennt. Die Hauptperson sagt von sich: »Ich weiß aber, dass mir etwas zum Bewusstsein kam ...« Eine vorher abgespaltene Schattenseite wurde durch den sinnvollen Zufall ans Licht gebracht und konnte integriert werden. In der Seele der Hauptperson wurde etwas wieder »heil«, und er fühlte sich schließlich »vom Engel berührt«, nachdem er vorher zum Narren gehalten wurde.

Der jungianische Psychotherapeut Lutz Müller beschreibt diesen Aspekt, der auch in vielen Beispielen in diesem Buch zum Tragen kommt, folgendermaßen:

»Das Tricksterhafte wird immer an der schwächsten, unbewusstesten Stelle unseres Bewusstseinssystems wirksam – an der Schwelle zur anderen Wirklichkeit – und vermag, indem es einen Kontakt zur unbewussten Dimension der Psyche herstellt, das Bewusstseinssystem aus seiner Einseitigkeitsverkrampfung zu befreien ...« (1980, S. 173)

Hermes ist der »Geist der Unordnung« (Kerényi, 1942), der Feind der Begrenzungen und der festen Ordnungen. Überall da, wo es um Auflösung alter Strukturen geht, um Veränderung erstarrter Lebensformen, taucht er auf und treibt seine synchronistischen Possen.

Sind Namen Schall und Rauch?

Nicht immer aber müssen Häufungen von Themen oder Namen eine tiefere Bedeutung haben. Sie können auch in einer einfacheren, spielerischen Weise im Alltag auftreten, ohne dass sich zu diesem Zeitpunkt ein Sinn erschließen lässt. In der angegebenen Literatur zur Synchronizität finden Sie eine Fülle von Beispielen hierzu, die ich hier nicht wiederholen möchte. Stattdessen einige Beispiele aus meinem Alltag als Anregung für Ihre eigenen Beobachtungen:

Während ich abends einen Brief an einen Kollegen schrieb, der in einer anderen Stadt in der Rudolfstraße wohnt, klingelte das Telefon: Ein ehemaliger Berufskollege meines Mannes, der Rudolf heißt, wollte ihn dringend sprechen. In 15 Jahren hatte dieser Kollege kein einziges Mal bei uns privat angerufen! Bei beidem – Telefonat wie Brief – ging es um Fragen der beruflichen Zukunft, die verknüpft waren mit Fragen der beruflichen Vergangenheit. Keine dramatischen Angelegenheiten, eher ein kleiner »Synchronizitäts-Hüpfer«. Allerdings auch hier wieder das Thema Übergang!

Eine weitere Namensvariation spielte sich an einem Sommer-Wochenende ab, als wir mit Freunden (zwei Ehepaaren) im Garten saßen. Die Nachbarn hatten Besuch von ihrem Enkelkind bekommen, das dort ebenfalls im Garten spielte. Die Großeltern riefen das Mädchen häufiger mit seinem eigenartigen Namen, den weder unsere Freunde noch wir je gehört hatten: »Damaris« oder »Tamaris« verstanden wir, konnten uns aber nicht darauf einigen, wie er denn nun wirklich hieß. Noch während die Freunde im Garten saßen, kam eine andere Freundin vorbei, um geliehene Bücher zurückzubringen. Die befanden sich in der Tragetasche einer Boutique aus einer anderen Stadt, deren Name groß aufgedruckt war: »Tamaris«. Ein merkwürdiger »Zufall«! Eine klare »Antwort« war das allerdings nicht. Als wir schließlich im Namenslexikon nachschauten, stellte sich »Damaris« als Mädchenname heraus, der aus dem Griechischen kommt und »Göttin« oder »Ehefrau« heißt. Wieder einmal spielte der Schalk mit uns – es gab zwar eine Antwort, aber keine eindeutige! Oder doch? Bei beiden Freundespaaren gab es damals eine Ehekrise, in der die Ehefrauen überlegten, ihren Mann zu verlassen. Beide bewältigten die Krise und blieben »Ehefrau«. Leider habe ich seinerzeit nicht notiert, welche Bücher die Freundin zurückgab ...

In diesem Beispiel und in dem Beispiel vom braunen und schwarzen Schuh (Seite 42ff.) kamen Tragetaschen vor. Eine Tasche symbolisiert auch einen Übergang – man benutzt sie, um etwas von einem Ort an den anderen zu transportieren, sie hinüber-zu-tragen. Dinge »reisen« in ihr von einem Ort zum anderen. Beide Taschen kamen hier ebenfalls aus entfernten Orten. Tragetaschen aus Plastik wiederum sind nur zum vorläufigen Gebrauch gedacht, sie sind nichts Dauerhaftes. Mit diesen Eigenschaften »passen« auch sie wunderbar in synchronistische Begebenheiten!

Namensvariationen gab es auch in der folgenden Begebenheit: Ich schrieb gerade einen Brief an meinen »synchronistischen Freund« Wilhelm Gauger, in dem es um den Wissenschaftsbegriff von Paul Feyerabend ging. Sein »anything goes«, »alles ist möglich«, passt sehr gut zur Erforschung der Synchronizität, die sich in kein Schema pressen lässt. Während ich schrieb, klingelte das Telefon: Eine entfernte Bekannte wollte sich mit mir verabreden und schlug vor, dass wir uns in der »Weinstube Feierabend« auf halber Strecke zwischen ihrem und meinem Wohnort treffen! Ich war noch nie dort gewesen. Interessant ist, dass diese Bekannte mit Vorliebe Geschichten schreibt, in denen auch »alles möglich« ist, in denen die Grenzen der Realität verschwimmen. Dieser Anruf war wie ein kleines synchronistisches Bonbon, das genau den Inhalt dessen bestätigte, was ich in meinem Brief gerade ansprach!

Auf wirklich witzige Weise erlebte ich einige Zeit später Namenshäufungen und Namensvariationen, als ich einen Artikel über Doppelnamen bei Frauen schrieb. Am Beispiel der komplizierten Doppel- und sogar Dreifachnamen, die sich durch Scheidung und Wiederheirat bei manchen Frauen ergeben, versuchte ich, die unfreiwillige Komik solcher Konstruktionen deutlich zu machen. Ich selbst habe mich nach Jahren der »Bindestrich-Emanzipation« mit einem komplizierten Doppelnamen dagegen entschieden. Beim Schreiben machte ich eine kurze Pause, um die Post aus dem Briefkasten zu holen und fand nun dort – man glaubt es kaum – den Brief einer früheren Kollegin (die ganz selten schreibt), mit allen meinen drei Namen auf der Adresse: erster Ehename, Mädchenname, zweiter Ehename, mit Bindestrichen zu einem unaussprechlichen Gemisch verbunden. Ich rief diese Bekannte an und erzählte ihr die Begebenheit. Sie sagte, sie habe einfach nicht mehr gewusst, wie ich denn nun »richtig« heiße. Eine bessere Bestätigung für das, was ich gerade geschrieben hatte, konnte es kaum geben. So gab es auch hier wieder viel zu lachen ... und natürlich fühlte ich mich in der Entscheidung bestätigt, nur noch *einen* Namen zu tragen.

Namen und Namensänderungen sind bedeutsame Faktoren im Leben jedes Menschen. Die Numerologie gibt sogar jedem Buchstaben im Namen eine Bedeutung und zieht daraus Schlüsse für das Leben eines Menschen. Eltern machen sich meist lange vor der Geburt Gedanken um den Namen, und dieser Name ist oft schon eine Botschaft der Eltern an das Kind. Namensänderungen sind fast immer mit der Änderung der Identität verbunden. Sei es, dass jemand nun nicht mehr mit dem Spitznamen gerufen werden möchte, sei es, dass jemand von mehreren Vornamen einen anderen als Rufnamen bestimmt, sei es bei Heirat: Den Mädchennamen zu behalten heißt etwas anderes, als den Namen des Mannes zu tragen. Ein Mann, der den Namen seiner Frau übernimmt, setzt damit ein Zeichen, eine Frau, die nach der Scheidung den Namen des Mannes ablegt, ebenso. Nonnen und Mönche ändern ihre Namen, um ihr neues Leben auch auf diese Weise zu dokumentieren. Bei Namensänderungen handelt es sich also auch um eine Situation des Überganges. Namen sind immer stark gefühlsbesetzt, und so ist es nicht überraschend, dass sie eine häufige Spielwiese für synchronistische Phänomene sind.

Umzüge: Unordnung, Umordnung und Zusammenfügen – alles unter einem Hut

Auch Umzüge und berufliche Veränderungen sind geradezu prädestiniert für die Häufung synchronistischer Erlebnisse. Hermes, der Gott der Schwellen, trug bei den Römern den Namen »Merkur«. Transportunternehmen, Immobilienfirmen, Kurierdienste oder Zeitarbeitsunternehmen wählen auch heute noch oft den Namen »Hermes« oder »Merkur«.

Wenn Sie gerade einen Umzug hinter sich haben oder demnächst umziehen werden, achten Sie doch einfach auf Ihre Beobachtungen von Zufällen und notieren Sie sie. Welchen Sinn diese dann haben mögen, werden Sie für die jeweilige Lebensphase allein herausfinden.

Als Anregung schildere ich Ihnen die Häufung von kleinen Beobachtungen um meinen letzten großen Ortswechsel herum. Sie erstrecken sich über einen Zeitraum von fast zwei Jahren, sind aber durch das gemeinsame Thema Übergang von einer Lebenssphäre in eine andere verbunden.

Nachdem ich den größten Teil meines Erwachsenenlebens in Süddeutschland verbracht hatte und dort auch verwurzelt war, konnte ich mir nicht vorstellen, je wieder in Norddeutschland zu leben. Plötzlich aber ergab sich durch eine neue berufliche Chance diese Möglichkeit. Mit Ende Vierzig, wenn man nach all den Wanderjahren endlich zur Ruhe kommt, ist ein kompletter Neuanfang mit sehr viel Mühe und Überlegung verbunden. Und doch waren mein Mann und ich uns sicher, dass es die richtige Entscheidung war. Denn eine Fülle von synchronistischen Begebenheiten wurde zur immer neuen Bestätigung, dass sich bei der Rückkehr in die norddeutsche Heimatgegend die Kreise in positiver Weise schließen würden. Es begann mit dem Datum des Vorstellungstermins: Dieser fand genau in der Woche statt, in der wir ohnehin zu einem Familienbesuch in die Nähe dieses Ortes fuhren, der immerhin 500 Kilometer vom damaligen Wohnort entfernt lag.

Einige Zeit später entdeckte ich in einem Katalog einen Strohhut, wie ich ihn vor Jahren in Mittelamerika kaufte. Leider hatte er die Jahre nicht überdauert. Ich freute mich, nun eine neue Quelle gefunden zu haben – und war überrascht, als Bestelladresse unseren zukünftigen Wohnort im Katalog zu finden. Der bestellte Hut kam kurz darauf an – in unserem alten Wohnort in Süddeutschland –, ausgestopft mit einem Blatt Zeitungspapier aus meiner Heimatstadt, die zirka 80 Kilometer entfernt vom neuen Wohnort liegt. Noch außergewöhnlicher aber waren zwei Details dieser Zeitungsseite: Es handelte sich um eine Werbeseite – groß überschrieben mit »Westfalenstraße«. Geschäfte aus der Westfalenstraße meines Heimatortes warben dort. In der Westfalenstraße bin ich aufgewachsen, und meine Eltern leben dort! Es war schon sehr eigenartig, in Süddeutschland einen Hut aus Mittelamerika zu finden, der mich an meine Reisen in die große weite Welt erinnerte, ausgestopft mit einer Werbung für all die Geschäfte, die in meiner Kindheit und Jugend zum Alltag gehörten! Dazu noch mit einer mehrere Monate alten Zeitung, auf der das Datum noch gut erkennbar war.

Auf den Tag genau 15 Jahre vorher kam ich nach all meinen Auslandsaufenthalten endgültig nach Deutschland zurück und beschloss, in dem Land zu bleiben, in dem ich aufgewachsen war, statt wie die Familie meines Vaters als Emigrantin in einem fremden Land zu leben. Die Erinnerung an diesen Tag in dieser atemberaubenden Kombination passte gut in diese Zeit, in der ich mich darauf vorbereitete, noch dichter an meine Wurzeln zu ziehen. Es geht hier also durchaus um ein archetypisches Thema, ein Thema, das eben die Wurzeln der Existenz berührt. Bodenständigkeit und Weltoffenheit gleichzeitig »unter einen Hut« zu bringen, darum geht es ja hier, und fast wortwörtlich ist dieses Bild in dieser Ereigniskette vorhanden!

Die Begebenheit mit der Westfalenstraße erschien nun als die Fortsetzung einer Namensdoppelung, die uns schon einige Zeit zuvor aufgefallen war. Mein Mann musste anfangs längere Zeit zwischen Süddeutschland und dem neuen Arbeitsort pendeln, und er wohnte dort in einem möblierten Zimmer in der Westfalenstraße 116 a. Meine Eltern wohnten im Heimatort in der Westfalenstraße 161!

Später fanden wir dann zusammen eine Wohnung im neuen Ort im Hansering 4 a. Meine Schwägerin wurde ein halbes Jahr später in den Nachbarort versetzt. Ihre neue Arbeitsstelle hieß Hansestraße 5.

Die erstaunlichen Zufälle gingen noch weiter: Langjährige Freunde aus Süddeutschland erzählten, dass sie unsere neuen Nachbarn am Hansering 2 vor drei Jahren (als noch keine Rede von unserem Umzug war) in ihrem Südtirol-Urlaub kennen gelernt hatten.

Schließlich stellte sich heraus, dass einer meiner neuen Kollegen aus meinem Heimatort stammt, zur gleichen Schule ging wie ich und ein Klassenkamerad meines Bruders war. Am Tag, als ich das erfuhr, sah ich zwei Stunden später meinen Bruder nach langer Zeit wieder.

Dann lernte ich kurz nach unserem Umzug eine Frau kennen, die schnell eine liebe Freundin wurde. Nach einigen Wochen stellten wir fest: Sie war als Kind in der gleichen katholischen Jugendorganisation gewesen wie ich, und wir begegneten uns vor mehr als 30 Jahren auf einer überregionalen Jugendfreizeit schon einmal. Es gibt sogar ein Foto, das ich damals von ihr aufnahm! Wir empfinden es beide als Fügung des Schicksals, dass wir uns wiedergefunden haben.

Auch all dies erschien nun wie ein harmonischer Tanz, in dem die Themen Vergangenheit, Zukunft, Arbeit, Familie, Freundschaft miteinander verwoben waren in einer Weise, die viel Geborgenheit vermittelte und mir die Sicherheit gab, dass diese so grundlegende Orts- und Lebensveränderung trotz aller Anstrengungen richtig war.

Ganz gleich, ob Sie in Ihrem Leben schon mehrmals umgezogen sind oder nicht: Überlegen Sie einmal, welche Fügungen in Ihrem eigenen Leben oder in der Generation vor Ihnen die Umzüge begleiteten oder dazu führten, dass Sie ausgerechnet an diesem bestimmten Ort leben!

Umwege führen auch zum Ziel

Aber nicht immer fügen sich die Dinge so harmonisch zusammen. Oft gibt es Hindernisse, und nichts scheint zu klappen. Stellenbewerbungen werden abgelehnt, eine Beziehung geht in die Brüche, oder es findet sich trotz intensiver Suche einfach keine passende Wohnung.

Wenn Sie das nächste Mal vor unüberwindlich scheinenden Hindernissen stehen und alles schief läuft, nehmen Sie den so oft leicht dahergesagten Spruch ernst: »Wer weiß, wozu's gut ist.« Vielleicht heißt die Botschaft in all diesen Misserfolgen: Es ist noch nicht das Richtige, oder die Zeit ist noch nicht reif. Vielleicht kommt das, was wirklich zu Ihnen gehört, erst dann, wenn Sie nicht mehr verbissen danach suchen!

Im »I Ging«, dem chinesischen Buch der Wandlungen, das eng mit der Philosophie des Tao verbunden ist und die Einheit von Innen und Außen zugrunde legt, gibt es mehrere Zeichen, die diesen Aspekt beleuchten. Im Zeichen »Das Abgründige, das Wasser« beispielsweise heißt es: »Man muss ruhig die Zeitumstände in Erwägung ziehen und sich mit Kleinem begnügen, da zunächst ein großer Erfolg nicht zu erreichen ist. Eine Quelle fließt auch erst spärlich, und es dauert eine Zeit, ehe sie sich einen Weg ins Freie bahnt.« Oder im Zeichen »Das Hemmnis«: »Es bedarf der Gesinnung der Beharrlichkeit gerade dann, wenn man scheinbar etwas tun muss, das vom Ziel abführt. Diese unbeirrbare Richtung des Innern bringt schließlich Heil. Das Hemmnis, das nur eine Zeit lang dauert, ist von Wert für die Bildung der eigenen Persönlichkeit. Das ist der Wert der Not.«

Diese Erfahrung machte auch Frau P., der mit ihrer Familie vom Vermieter wegen Eigenbedarf gekündigt wurde. Sie wollte unbedingt in der Wohngegend bleiben, in der sie so lange gewohnt hatte und in der sie viele Leute kannte. Es war aber nirgendwo in der Nähe eine Wohnung frei. Frau P. schaute schließlich verschiedene Wohnungen in anderen Stadtvierteln an, konnte sich aber mehrere Monate lang für keine entscheiden. Mittlerweile schikanierte sie der Vermieter so sehr, dass sie keine Kraft mehr hatte zum Kämpfen. Sie erzählte mir eines Tages, sie habe gerade eine Wohnung in einer anderen Gegend angeschaut, die sie jetzt endlich nehmen werde, auch wenn das nur ein Kompromiss sei. Am nächsten Tag rief sie mich aufgeregt an: Gerade als sie den neuen Vermieter habe anrufen wollen, sei ein Anruf ihrer Cousine gekommen. In deren Nachbarhaus im gleichen Wohngebiet, in dem Frau P. wohnte, werde ganz plötzlich eine Wohnung frei, weil der jetzige Mieter von seiner Firma versetzt wurde und er dringend einen Nachmieter suche.

Vielleicht können Wünsche wirklich Berge versetzen! Aber das geschieht oft eben erst dann, wenn man das verbissene Wünschen aufgegeben hat, sich fügt, offen ist für Alternativen und weicher wird. Vielleicht haben Wunder erst dann, wenn wir unsere starren Grenzen aufgegeben haben, Möglichkeiten, in unser Leben einzudringen ... und vielleicht bekommen wir dann für das, was wir aufgegeben haben, sogar etwas noch Schöneres angeboten. Frau P., die zunächst so unglücklich über die Kündigung war, fühlt sich nun in der neuen Wohnung viel wohler als in der alten. Sie meinte sogar: »Vielleicht ist es ganz gut, dass das Schicksal einen manchmal zu seinem Glück zwingt.«

Auch die Synchronizität hat Lieblingsbücher

Sehr oft lassen sich synchronistische Häufungen von Namen oder Themen beim Lesen beobachten. Wilhelm Gauger berichtet über eine Fülle eigener Erlebnisse und befasst sich aus literaturwissenschaftlicher Sicht mit bestimmten Büchern, die Synchronizität förmlich anzuziehen scheinen. Manchmal wirkt es so, als werde ein Thema einfach in verschiedenen Variationen durchgespielt, und manchmal lässt sich ein Sinn erkennen.

So telefonierte ich vor längerer Zeit mit einer Kollegin. Wir diskutierten darüber, ob man Menschen denn wirklich helfen könne mit Therapie und welchen Stellenwert die persönliche Verantwortung jedes Einzelnen habe. Die Kollegin erzählte mir vom Buch »Illusionen« von Richard Bach. Dort habe sie eine gute Geschichte über einen Mann gelesen, der von seinen Anhängern zum Guru gemacht wird und der sich aus dieser Rolle zurückzieht in einen »normalen Beruf«. Er ist der Meinung, dass letztendlich jeder Mensch sich nur selbst helfen kann, indem er nach innen geht, statt außen das Heil zu suchen.

Eine halbe Stunde später las ich bei Jean Shinoda Bolen einen Hinweis auf ebendieses Buch von Bach! Sie zitierte allerdings eine andere Stelle des Buches, die aber auch die persönliche Verantwortung jedes Einzelnen für sein Leben betont:

> Jeder Mensch,
> alle Ereignisse in deinem Leben
> sind da, weil du selbst sie
> angezogen hast.
> Was du mit ihnen anfängst,
> ist deine Sache.
> (Bach, S. 97)

Das Ganze war wie eine Bestätigung dessen, was die Kollegin und ich eine halbe Stunde vorher miteinander besprochen hatten.

Als ich beim Schreiben dieses Kapitels die entsprechenden Stellen in beiden Büchern noch einmal nachschaute, fiel mir eine Namensvariation auf: In dem Buch von Bach ist ein Mann namens »Shimoda« sein Partner und Gegenspieler – und in diesem meinem literarischen synchronistischen Erlebnis ist eine Frau namens »Shinoda« sozusagen seine Partnerin und Gegenspielerin.

Am gleichen Tag und ebenfalls mit Jean Shinoda Bolen begann ein weiteres synchronistisches Erlebnis. Ich las in ihrem Buch die Geschichte des Regenmachers, die ich bis dahin nicht kannte. Einen Tag später las ich einen Artikel in einer Fachzeitschrift. Und auch hier wurde ebendiese Geschichte zitiert, die Richard Wilhelm, der das I Ging ins Deutsche übersetzte und in den Westen brachte, Carl Gustav Jung erzählt hatte. Innerhalb von zwei Tagen die gleiche synchronistische Geschichte – ein deutlicher Hinweis auf eine bestimmte Botschaft.

Diese Geschichte möchte ich Ihnen nicht vorenthalten, denn sie beinhaltet vieles, was für Synchronizität wichtig ist.

Es herrschte eine große Dürre. Seit Monaten war nicht ein Regentropfen gefallen, und es drohte eine Katastrophe. Die Katholiken hielten Versammlungen ab, die Protestanten beteten und die Chinesen zündeten Räucherstäbchen an und feuerten Schüsse ab, um die für die Dürre verantwortlichen Dämonen zu verscheuchen, doch vergebens. Schließlich sagten die Chinesen: »Wir wollen den Regenmacher holen.« Ein ausgemergelter alter Mann reiste aus einer anderen Provinz herbei. Alles, was er verlangte, war, dass man ihm irgendwo eine ruhige kleine Hütte zur Verfügung stelle; dort schloss er sich drei Tage lang ein. Am vierten Tag zogen Wolken am Himmel auf und ein heftiger Schneesturm brach los, in einer Jahreszeit, in der sonst nie Schnee fiel, und es schneite so stark und in der Stadt verbreiteten sich so viele Gerüchte über den Regenmacher, dass Richard Wilhelm den Mann aufsuchte, um ihn zu fragen, wie er das bewerkstelligt habe. In der typischen Art des Europäers sagte er: »Sie werden Regenmacher genannt, können Sie mir sagen, wie Sie den Schnee gemacht haben?« Und der kleine Chinese sagte: »Ich habe den Schnee nicht gemacht, ich bin nicht verantwortlich dafür.« »Aber was haben Sie denn in diesen drei Tagen getan?« »Oh, das kann ich Ihnen erklären. Ich komme aus einem anderen Land, wo die Dinge in Ordnung sind. Hier sind die Dinge nicht in Ordnung, sie sind nicht so, wie sie nach den Gesetzen des Himmels sein sollten. Daher ist das ganze Land nicht im Einklang mit dem Tao, und auch ich bin nicht im Einklang mit der natürlichen Ordnung der Dinge, weil ich mich in einem Land befinde, in dem die Ordnung nicht mehr herrscht. Ich musste also drei Tage warten, bis ich wieder ins Tao zurückgefunden hatte, und dann kam der Regen von ganz allein.«

(C.G. Jung, GW 14/I,II, 1968, Mysterium Coniunctionis)

In dieser Geschichte wird deutlich, wie wichtig es ist, zuerst mit sich selbst ins Reine zu kommen, statt außen nach pragmatischen Lösungen zu suchen.

Shinoda Bolen interpretiert sie so: »Psychologisch gesehen befinden wir uns dann wieder im Einklang mit dem Tao, wenn wir uns erneut als Teil jenes Einsseins erfahren, das allem zugrunde liegt und alles nährt, wenn wir erneut mit dem, was Jung das Selbst nennt, in Fühlung sind und wenn wir die Fülle der Liebe spüren, die wir sowohl geben wie auch empfangen können. Wieder im Tao sein ist eine andere Redewendung für: Ich fühle mich zentriert, ich spüre wieder, dass das Leben einen Sinn hat. Wieder im Tao sein bedeutet: Ich bin optimistisch und vertraue darauf, dass von dem, was ich benötige, genug vorhanden ist. Und dann kam der Regen von ganz allein – das ist das Versprechen des Regenmacher-Prinzips der Synchronizität. Wenn es zutrifft, dass sich die innere Welt ... in der äußeren Welt spiegelt, so musste die innere Rückkehr ins Tao zwangsläufig zur Rückkehr des Regens, als Zeichen der Wiederherstellung der natürlichen Ordnung, führen.« (1988, S. 146)

Wie Phönix aus der Asche

Gelegentlich kann das Durchspielen eines Themas in verschiedenen Medien sogar fast wortwörtlich vorkommen. So las ich vor einiger Zeit ein Buch von Irina Tweedy mit dem Titel »Wie Phönix aus der Asche«, und zwar ein Kapitel, das von den Themen Vertrauen, Gewissenhaftigkeit und Treue zu den als wichtig erkannten Zielen handelte. Am selben Tag brachte die Post eine Zeitschrift mit der Titelgeschichte »Wie Phönix aus der Asche«. Sie handelte vom Comeback der englischen Sängerin Marianne Faithful. »Faithful« heißt »treu, gewissenhaft, wahrheitsgetreu«. Das Buch handelt vom Selbstfindungsprozess, der Zeitschriftenartikel handelte von der wiedergefundenen Identität der Marianne Faithful als Sängerin.

Was hatte diese merkwürdige Übereinstimmung mit mir zu tun? Welche Botschaft lag darin? Der Phönix ist ein Symbol, das in vielen Kulturen für Auferstehung und Unsterblichkeit steht, für Tod und Wiedergeburt. In einer Legende baut er sich vor seinem Tode ein hölzernes Nest, das von der Sonne entzündet wird und mit ihm verbrennt. Aus der Asche erhebt sich dann ein neuer Phönix. Im Chinesischen verkörpert er den ganzen Kosmos, und sein Erscheinen ist glückverheißend oder bedeutet auch das Erscheinen eines großen Weisen.

Mir begegnete dieses Erscheinen des Phönix-Symbols in synchronistischer Weise, als ich selbst gerade mein »Comeback« begann. Es war kurz nach dem Umzug, und ich machte die ersten Schritte, sozusagen wie »Phönix aus der Asche«, aus dem Nichts etwas Neues zu gestalten, das dennoch aus dem Alten genährt wurde. Asche aus dem Alten ist Dünger für etwas Neues, und dass nun zusätzlich in dieser Situation gleich zweimal so deutlich das Thema »Gewissenhaftigkeit, Treue zu den als richtig erkannten Zielen« auftauchte, kann als positive Botschaft gedeutet werden, auf dem richtigen Weg zu sein.

Das Thema wurde noch weiter in synchronistischer Weise variiert: Ich schickte Wilhelm Gauger eines Tages einen Teil dieses Buchmanuskripts. Am selben Tag, als er diesen Absatz über »Phönix aus der Asche« las, hatte er gerade vorher einen Aufsatz mit dem Titel »The Wild, Untutored Phoenix« gelesen. So wurden wir wieder einmal Mitspieler in einem Tanz, dessen Choreographie sich ohne unser Zutun entwickelte.

Über all diese in diesem Kapitel selbst erlebten oder zitierten Ereignisse lässt sich nicht »objektiv« sprechen. Sie enthalten immer ein »Als-ob«, eine Vermutung, eine Interpretation, und sie sind niemals allgemein gültig. Sie entziehen sich der

Festlegung, und sie überzeugen nur den, der selbst ähnliche Erfahrungen gemacht hat. Insofern hat es auch keinen Sinn, wenn Sie versuchen wollen, jemanden, der skeptisch ist, zu überzeugen. Sie können ihm von Ihren Erlebnissen erzählen, aber drängen Sie ihn nicht, Ihr Erlebnis ebenso zu interpretieren wie Sie. Falls es sich um einen Menschen handelt, der Ihnen wichtig ist, warten Sie einfach gelassen ab. Es ist durchaus möglich, dass irgendwann eine synchronistische Begebenheit, die er selbst erlebt, die Zweifel von selbst auflöst. Auch hier geht es also um das Element der Freiheit. So wie sich Synchronizität nicht einzwängen lässt, sollten auch Sie die Menschen in Ihrer Umgebung nicht einengen mit Ihrer Sicht der Dinge.

3 Wenn man vom Teufel spricht ... Zufällige Begegnungen

Vermutlich kennen Sie das: Sie haben jemanden lange nicht gesehen, sprechen mit anderen über ihn, und noch am selben Tag treffen Sie genau diesen Menschen zufällig auf der Straße. »Wenn man vom Teufel spricht, kommt er um die Ecke«, heißt es dann gewöhnlich. Oder Sie wollen gerade Ihren Liebsten/Ihre Liebste anrufen, haben die Hand schon am Telefon, und in jenem Moment klingelt es: Natürlich ist es er oder sie! Wenn Sie so etwas nur ein einziges Mal erlebt haben, sind Sie vielleicht erstaunt. Kommt es häufiger vor, spüren Sie möglicherweise, dass es doch etwas mit einer tieferen Verbindung zwischen diesem Menschen und Ihnen zu tun hat – oder aber mit einem Thema, das Sie sehr beschäftigt.

Beruf oder Berufung?

Das oben genannte Phänomen widerfuhr einer meiner Klientinnen, die nach mehreren Jahren Erziehungsurlaub entscheiden musste, ob sie wieder als Lehrerin in die Schule zurückkehren sollte. Sie war hin- und hergerissen, und der einzige Grund, der aus ihrer Sicht für eine Rückkehr an die Schule sprach, war die finanzielle Sicherheit. Diese Frage brachte tiefsitzende familiäre Verstrickungen ans Tageslicht – die Frage ihrer Selbstbestimmung, ihrer wirklichen Interessen, die sie in ihrer Jugend den Eltern zuliebe und später dem Ehemann zuliebe zurückgestellt hatte. In dieser Situation begegneten ihr innerhalb weniger Tage mehrere Kollegen ihrer alten Schule, die ihr sozusagen »vorführten«, wie man den Lehrerberuf ausüben kann: entweder voller Engagement oder uninteressiert, den Beruf hassend. Nachdem sie ihre Kollegen jahrelang nicht gesehen hatte, war diese Häufung wirklich beeindruckend, und die Klientin nahm sie als Botschaft, sich nun intensiv mit diesem zu lange verdrängten Thema zu befassen. So unengagiert wie die meisten ihrer Kollegen wollte sie jedenfalls nicht mehr arbeiten. Wir nahmen auch das I Ging zu Hilfe, und sie entschloss sich zu einer neuen Ausbildung. Gleichsam als Bestätigung, dass ihre Entscheidung richtig war, erhielt sie eine überraschende Erbschaft, die fast genau ihre Ausbildungskosten abdeckte.

Auch hier war das Thema Übergang wieder im synchronistischen Erlebnis erhalten: auf der inneren Ebene der Übergang von einem eher fremdbestimmten Lebensweg zum Herausfinden dessen, was zum eigenen inneren Weg gehört. Auf der äußeren Ebene ging es um den Übergang von einem ungeliebten Beruf in einen, der der inneren Berufung entspricht. Ganz konkret war dies auch die Lebenssituation des Übergangs von der ausschließlichen Mutterrolle zu Hause in die berufliche Welt »draußen«. So »passte« es denn auch, dass sie die Kollegen ausgerechnet auf der Straße, draußen, traf.

Der weise Alte und Weichen für die Zukunft

Mir selbst half eine kaum glaubliche synchronistische Begebenheit vor vielen Jahren, eine neue Stelle zu finden. Bevor ich zum letzten längeren USA-Aufenthalt aufbrach, hatte ich entschieden, nach meiner Rückkehr in einen anderen größeren Ort zu ziehen, in dem eine gute Freundin wohnte und in dem ich mir bessere berufliche Chancen versprach. Bei einem Spaziergang durch diese Großstadt kam ich an einer psychologischen Beratungsstelle in einem Stadtteil vorbei, der mir bis dahin nicht bekannt war. Obwohl es rein äußerlich eine hässliche Gegend und ein hässliches Gebäude war, sagte ich spontan: »Da könnte ich mir vorstellen, später zu arbeiten.« Ich war innerlich dabei auf eine so merkwürdige Weise aufgewühlt, dass ich mich noch heute, viele Jahre später, genau an diese Situation erinnere.

Gegen Ende meines USA-Aufenthaltes hatte ich dann vor, an diese Beratungsstelle zu schreiben, um zu klären, ob die Möglichkeit einer Mitarbeit bestünde. Eines Abends – noch in den USA – war ich bei Bekannten zu einem Essen mit mehreren Leuten eingeladen, unter anderem mit einigen deutschen Emigranten, die während des Krieges vor Hitler geflohen waren. Gegen Ende des sehr anregenden Abends mit interessanten Gesprächen gingen alle Gäste in die große Sauna des Hauses. Hier kam ich ins Gespräch mit einem älteren Herrn, der sich nach meinen weiteren Plänen erkundigte. Als er erfuhr, dass ich nach B. ziehen wollte und noch eine Stelle suchte, sagte er: »Oh, da müssen Sie an meinen Freund K. schreiben, der ist Leiter einer Beratungsstelle in B.« Beim Nachfragen stellte sich heraus: Er meinte genau diese Beratungsstelle in genau diesem Stadtteil! Und er erzählte mir, dieser Herr K. sei ein sehr guter Freund, er sei selbst öfter zu Seminaren an dieser Beratungsstelle gewesen, und Herr K. habe ihn auch schon in den USA besucht, und er sei ein fabelhafter Mensch, und sicher würde ich mich sehr gut mit ihm verstehen.

Ich konnte es nicht fassen, es war wirklich wie ein atemberaubendes Wunder. Hier traf ich fast 10.000 Kilometer entfernt durch eine einzige Einladung den wohl einzigen Mann aus den USA, der diese Beratungsstelle so gut kannte und der sogar ein Freund des Leiters war! Damals kannte ich den Begriff »Synchronizität« noch nicht, aber das Phänomen selbst wurde mir vom Schicksal sehr eindrucksvoll geschenkt. Ich *wusste* einfach, dass alles so kommen würde, wie ich es mir damals vor meiner Abreise gewünscht hatte. Ich war sehr dankbar, und natürlich erzählte ich diese Begebenheit in meinem Bewerbungsbrief an Herrn K. Wen wundert es, dass ich einige Monate später tatsächlich an dieser Beratungsstelle arbeitete, in einem aufgeschlossenen Arbeitsklima, in dem das, was ich in den USA gelernt hatte, auf großes Interesse stieß? Auch Herr K. war von diesem Zufall sehr beeindruckt, und noch heute, viele Jahre später, sprechen wir davon. (Der nette ältere Herr hatte übrigens Recht: Herr K. und ich hatten »eine Wellenlänge«, und auch wenn wir uns durch große räumliche Entfernung nur noch selten sehen, verbinden uns einige synchronistische Erlebnisse per Telefon.)

In diesem Erlebnis sind nicht nur die Tatsachen als solche beeindruckend, sondern auch die Umstände. In der Sauna werden alle sozialen Rollen abgelegt, alle sind reduziert auf ihr pures Menschsein, im Schweiß zerfließen die Grenzen des Körpers, und in der Mattigkeit der Sauna-Hitze zerfließt auch das rationale Denken, wird der Zaun um die Seele weich und durchlässig. Die ideale Situation für synchronistisches Sich-Fügen.

Auch finden sich in dieser Begebenheit die Elemente des Überganges von einer Lebenssituation in eine andere, ein bevorstehender Ortswechsel, ein beruflicher Wechsel und das Reisen (siehe auch Seite 40ff.) – all dies sind gute Voraussetzungen für synchronistische Fügungen.

Auf einer tieferen Ebene bedeutete dieser nette ältere Herr für mich den Archetyp des »weisen alten Mannes«, eines spirituellen Führers in einer Zeit meines Lebens, in der ich Orientierung und Heimat brauchte. Hinzu kam noch: Mich hatte lange das Thema Emigration in die USA beschäftigt, und dieser Mann, der unfreiwillig emigriert war und nun in der Fremde sein Alter verbrachte, stellte für mich die Weichen, beruflich wieder in Deutschland Fuß zu fassen! Auch das war eine Bestätigung, dass ich auf dem richtigen Weg war, wieder in die Heimat zurückzukehren.

Wenn der Schüler bereit ist, kommt der Lehrer

Manchmal geschieht es wie im vorigen Beispiel, dass man schon im Vorfeld eines synchronistischen Erlebnisses ein ganz eigenartiges Gefühl hat, das man sich nicht erklären kann. Es ist beinahe so, als ob die Zeit stehen bleibt, ein Moment der Numinosität, ein heiliger Augenblick. Aber wenn Sie sich mit Meditation befassen, ist Ihnen vielleicht der Begriff der »Achtsamkeit« bekannt. Es geht nicht darum, nur in der Kirche oder nur in besonderen abgeschirmten Situationen aufmerksam und intensiv zu leben. Jede Alltagssituation kann eine Situation der Achtsamkeit sein, kann eine Situation sein, in der Numinoses, Heiliges erfahren wird, in der die Trennung zwischen uns und der Welt aufgehoben ist. Der Buddhist Thich Nhat

Hanh sagt dazu in seinem Buch über Wege zu einem achtsamen Leben:

In der Welt der Erscheinungen hat es den Anschein, dass Dinge als getrennte Einheiten an spezifischen Orten existieren: »Dieses« außerhalb von »jenem«. Doch wenn wir das Prinzip der gegenseitigen Abhängigkeit ganz durchschauen, dann sehen wir, dass der Eindruck der Getrenntheit unrichtig ist. Jedes Objekt ist zusammengesetzt und enthält zugleich alle anderen. Im Lichte der Meditation über gegenseitige Abhängigkeit bricht die Vorstellung von »eins/viele« zusammen und reißt damit auch alle anderen wie »groß/klein«, »innen/außen« fort. (1994)

Wenn man sich innerlich auf diese Art der Achtsamkeit einlässt, kann es einem geschehen, dass sich genau das ereignet, was für diesen Moment in der eigenen Entwicklung wichtig und fördernd ist.

So erging es mir, als ich Wilhelm Gauger bei den Vorarbeiten dieses Buches kennen lernte. Ich erzählte davon schon in der Einleitung. Ich wusste auf einer sehr tiefen Ebene, dass dies eine wichtige Begegnung werden würde. Genau zum richtigen Zeitpunkt lernte ich den richtigen Menschen kennen, der mich kompetent auf dem Weg in die intensivere Erforschung der Synchronizität begleitete.

In unserem Briefwechsel und dem Austausch von fachlichen Informationen gibt es nunmehr seit Jahren eine Fülle synchronistischer Begebenheiten. Fast schon alltäglich war, dass wir auch nach längeren Schreibpausen schließlich am selben Tag, manchmal sogar zur selben Zeit aneinander schrieben. Häufig stellten wir dabei fest, dass wir ähnliche Themen anschnitten oder gleichzeitig ähnliche Erlebnisse gehabt hatten, oder aber, dass einer etwas registrierte, was sich »eigentlich« beim anderen ereignete. Einige dieser Begebenheiten finden Sie im Kapitel 9 »Synchronizität der Synchronizität«.

Nach nunmehr vier Jahren erscheint es mir fast, als habe das Schicksal mir diesen Menschen und diese Erlebnisse wirklich »ge-schickt«. Denn in großzügiger Weise werde ich durch diese Freundschaft mit Erlebnissen beschenkt, die mir helfen, das Wesen der Synchronizität besser verstehen zu können.

Auch Jean Shinoda Bolen und Alan Vaughan berichten mehrere Begebenheiten, in denen ihnen der richtige Mensch zum richtigen Zeitpunkt begegnete. Tiziano Terzani, ein Journalist, der seit vielen Jahren in Asien lebt, berichtet in seinem Buch »Fliegen ohne Flügel« ebenfalls von einer Fülle solcher Begebenheiten (siehe auch Seite 171f.). Mir begegnete sein Buch übrigens, als es im Radio besprochen wurde und ich selbst gerade dieses Kapitel schrieb ... es war genau das richtige Buch zum richtigen Zeitpunkt!

Terzani hat so oft die Erfahrung gemacht, dass er den richtigen Menschen am richtigen Ort zur richtigen Zeit begegnet, dass er sich mittlerweile fast darauf verlässt: Wenn er auf der Suche nach Informationen ist und niemand ihm weiterhelfen kann, lässt er sich einfach durch den jeweiligen Ort treiben. Er nennt den Zufall »meine beste Kontaktadresse«, und diese funktioniert gerade auf Reisen in entlegene Gebiete ganz besonders gut.

Ein Herz und eine Seele: Synchronistische Begegnungen in Freundschaften

Viele Menschen kennen das oben erwähnte Phänomen, dass ihnen ein guter Freund gerade dann schreibt, wenn sie selbst gerade einen Brief an ihn abgeschickt haben. Bestimmte Freunde scheinen geradezu prädestiniert zu sein für solche Zufälle. Vielleicht erleben auch Sie immer wieder, dass sich gerade bei einer bestimmten Freundin und Ihnen die Briefe immer kreuzen, auch wenn Sie monatelang nichts voneinander gehört haben. Womöglich stellen Sie dann auch noch fest, dass Sie beide ähnliche Erlebnisse hatten oder ähnliche Pläne entwickelt haben. Oder vielleicht ist Ihnen seit Tagen ein bestimmtes Thema häufiger begegnet, und dann schreibt ein Freund genau über dieses Thema. Es ist, als ob Sie sich innerlich schon unbewusst darauf vorbereitet haben. Achten Sie einmal darauf, wie oft solche kleinen Begebenheiten, die ein Gefühl von Zusammengehörigkeit schaffen, mit Freunden oder Familienangehörigen auftauchen. Sie werden erstaunt sein, wie häufig Ihnen nun solche »Zufälle« begegnen!

Natürlich kann es dann manchmal wichtig sein, dem anderen auch von Ihrem Erlebnis zu berichten, denn es kann für *beide* Beteiligten eine Bedeutung haben. Manchmal erfahren umgekehrt ja auch Sie erst, dass etwas, was Sie betraf, synchronistisch war, indem man es Ihnen mitteilt.

So verbinden mich mit einer meiner alten Freundinnen immer wieder synchronistische Erlebnisse, und wir teilen sie uns gegenseitig seit Jahren mit. Sie ist wie ich in Norddeutschland aufgewachsen. Als ich noch an meinem letzten Wohnort in Süddeutschland lebte, wurde ihr Mann von seinem Arbeitgeber ausgerechnet in meinen Nachbarort versetzt. Da sie wie ich Therapeutin ist, freuten wir uns auch über fachlichen Austausch.

Eines Tages rief ein neuer Patient an, für den ich aber keinen Therapieplatz mehr frei hatte. Ich verwies ihn an meine Freundin. Ungefähr eine Stunde später rief ich in einem Reisebüro an, um für die nächste Woche Fahrkarten für eine Bahnfahrt zu meinen Eltern zu bestellen. Kurze Zeit später klingelt das Telefon: meine alte Freundin aus dem Nachbarort. Nein, von einem neuen Patienten wisse sie nichts, aber sie müsse mir unbedingt etwas Synchronistisches erzählen: Sie sei kurz vorher im Reisebüro gewesen, um Bahnfahrkarten für eine Fahrt nach Norddeutschland zu kaufen, denn sie wollte in der nächsten Woche dort ihre Eltern besuchen. Und gerade als sie dies mit dem Sachbearbeiter besprach, habe jemand angerufen, und aus den Orten, die er erwähnte, schloss sie, dass nur ich an der anderen Seite der Leitung sein konnte ...

Meine Freundin war zur gleichen Zeit dort, um für die gleiche Zeit für den gleichen Zweck Fahrkarten für die zum größten Teil gleiche Strecke zu kaufen. Uns beiden war klar, dass eine neue Phase im Umgang mit den Eltern anstand – auch ein archetypisches Thema!

Vielleicht fragen Sie sich, wie solche merkwürdigen Zufälle zustande kommen. »Das muss Gedankenübertragung sein«, heißt es oft, »Telepathie.« Aber diese Begriffe erklären natürlich nichts, denn bisher konnte noch nicht gemessen oder naturwissenschaftlich schlüssig beschrieben werden, wie denn solch eine Gedankenübertragung zustande käme. Möglicherweise ist etwas dran an dem volkstümlichen Begriff, dass zwei Menschen »eine Wellenlänge« haben. Beweisen kann man es nicht. Und doch lässt sich beobachten, dass wir diese Botschaften auch ohne wissenschaftliche Messungen verstehen können. Und es müssen ja nicht immer dramatische Botschaften sein. Die schlichte Erfahrung, sich in einem solchen Zufall einem Menschen besonders nah zu fühlen, Verbundenheit und Liebe zu spüren, kann eine stets neue und wichtige Bereicherung des alltäglichen Lebens sein. Diese immer wieder gespürte Verbundenheit mit anderen Menschen trägt vielleicht auch dazu bei, ein wenig friedlicher und liebevoller mit *allen* Menschen umzugehen, die uns im Alltag begegnen.

Wer nicht hören will, muss fühlen: Synchronizität und Trennung

Gelegentlich bringt das Schicksal auch Menschen in unser Leben, gerade wenn wir noch *nicht* bereit sind – nicht bereit zu einer schmerzhaften, aber notwendigen Veränderung. So erging es einer Klientin, die vor einer wichtigen Lebensentscheidung stand. Gleich zwei synchronistische Begegnungen schickten ihr innerhalb eines halben Jahres auf sehr schmerzhafte und gleichzeitig doch positive Weise jeweils die gleiche Botschaft.

Ihr Mann hatte sich vor einiger Zeit in eine andere Frau verliebt, wollte sich aber weder von ihr trennen noch auf diese Frau verzichten. Ihr gegenüber spielte er auch immer wieder die Bedeutung dieser Beziehung herunter, und sie wollte ihm nur allzu gern glauben. Frau D. litt sehr, war aber trotz der Therapiegespräche zu keiner Entscheidung fähig, traute sich ein Leben ohne ihn auch gar nicht zu. Eines Tages lernte sie eine junge Frau kennen, mit der sie sich sehr gut verstand. Diese Frau hatte denselben Vornamen wie ihre Rivalin, benutzte ihn aber in einer Kurzform. Das machte es für sie leichter ... aber dann war Frau D. entsetzt, als sie ihre neue Freundin das erste Mal besuchte: Sie wohnte im selben Haus wie jene Frau! Nicht nur das, sie wohnte auch noch auf derselben Etage wie Frau D.s Rivalin, und sie hatte Frau D.s Mann oft im Haus gesehen und selbstverständlich angenommen, er sei der Partner dieser Frau.

Die Botschaft dieses »Zufalls« schien überdeutlich: Frau D. musste sich ihren Eheproblemen stellen. Doch sie war innerlich noch nicht bereit, die Konsequenzen zu ziehen. Aber durch diese neue Freundin lernte sie andere Menschen kennen, mit denen sie ein neues Selbstbewusstsein gewann. Bislang hatte sie sich immer sehr bemüht, sich ihrem Mann anzupassen. Aber auch jetzt war sie noch nicht fähig, von ihm eine Entscheidung zu fordern oder selbst eine Entscheidung zu fällen.

Doch manchmal ist das Schicksal geduldig, bis wir endlich begreifen: Einige Monate später nahm Frau D. an einer Fortbildung in einem weit entfernten Ort teil. Wie sich dort herausstellte, war einer der Teilnehmer ein gemeinsamer Bekannter ihres Mannes und ihr selbst aus Studienzeiten. Sie hatten sich seit längerem aus den Augen verloren. Er kannte ihren Mann noch von der Schule, also noch länger als sie. Welch ein merkwürdiges Zusammentreffen, ausgerechnet ihn in dieser Phase ihres Lebens wiederzutreffen! Die Gespräche mit ihm, der die Dynamik der schwierigen Beziehung schon früher gekannt hatte, halfen Frau D. dann zum letzten, sehr schmerzhaften Schritt. Sie konnte die Botschaften zweier so deutlicher »Zufälle« gekoppelt mit einem Traum in diesen Tagen einfach nicht weiter überhören.

Wie richtig die dann folgende Trennung war, zeigte sich übrigens einige Zeit später: Über diesen alten Bekannten lernte Frau D. schließlich ihren neuen Partner kennen, mit dem sie mittlerweile in einer sehr befriedigenden Beziehung lebt. Im letzten Jahr haben sie geheiratet.

Hier stellte also ein und dieselbe synchronistische Situation die Weichen für die Trennung und gleichzeitig für den Neubeginn.

Wenn Sie in einer spannungsgeladenen Beziehung leben, lohnt es sich, auf solche, auch weniger dramatische Zufälle zu achten und sich möglichst ehrlich zu fragen, was diese bedeuten könnten. Was spiegeln sie möglicherweise wider, was Sie tief in Ihrem Inneren längst wissen, aber aus Angst vor den Folgen nicht wahrhaben wollen? So schmerzlich die Konsequenzen sein können – die Tatsache, dass Sie vielleicht synchronistische Hinweise bekommen, kann Sie in einer Entscheidung bestärken und Ihnen neue Kraft geben.

Eine Begegnung bewahrt vor einer Fehlentscheidung

Herr und Frau G. suchten eine neue Wohnung, und sie hatten Glück: Gleich zwei Wohnungen in einem Wohngebiet in der Nähe ihrer Arbeitsplätze wurden ihnen angeboten. Eine war etwas teurer, aber auch schöner, und der Vermieter wollte einen Mietvertrag auf 5 Jahre schließen. Die preiswertere Wohnung war nicht ganz so schön, und der Mietvertrag sollte mit vierteljährlicher Kündigungsfrist abgeschlossen werden.

Die beiden hatten vor, in einigen Jahren Kinder zu haben und dann ein Haus im Grünen zu suchen. Sie waren fast entschlossen, die Wohnung mit dem längeren Mietvertrag zu nehmen und dachten, einen Nachmieter würden sie schon finden, wenn das erste Kind käme. Sie hatten kurz darüber gesprochen, einen Rechtsanwalt, den sie entfernt über Freunde kannten, zu fragen, ob der Vertrag so in Ordnung sei. Dann aber beschlossen sie, ihn wegen einer solchen Lappalie nicht zu belästigen. Der Mietvertrag lag bereits vor, und am nächsten Tag wollten sie ihn unterzeichnen.

Beide hatten Urlaub und fuhren nachmittags in die 35 Kilometer entfernte Kreisstadt, um Möbel anzuschauen. Monatelang waren sie nicht dort gewesen.

Und wen trafen sie im Möbelgeschäft? Den Rechtsanwalt, der zufällig auch gerade an diesem Tag nach Möbeln schaute. Sie tauschten die letzten Neuigkeiten aus, erwähnten auch den bevorstehenden Umzug und fragten ihn schließlich doch nach seiner Meinung zu dem 5-Jahres-Mietvertrag. Er riet ihnen dringend ab mit dem Hinweis, dass es meist sehr schwierig sei, vorzeitig aus einem solchen Vertrag auszusteigen. Aber sie sollten vorsichtshalber noch einmal mit dem Vermieter sprechen.

Anschließend stellte sich heraus, dass der Vermieter tatsächlich kaum einen Nachmieter akzeptieren würde, und vor allem entpuppte er sich als ein sehr unhöflicher, unangenehmer Gesprächspartner, als Herr G. seine kritischen Nachfragen zum Vertrag anbrachte.

Herr und Frau G. entschieden sich also gegen diese Wohnung. Sie waren dankbar für diesen merkwürdigen Zufall, der ihnen gerade zum richtigen Zeitpunkt die Begegnung mit dem Rechtsanwalt zugespielt und sie vor einer Fehlentscheidung bewahrt hatte.

Vielleicht sagen Sie jetzt: »So etwas möchte ich auch mal erleben, aber mir passiert so etwas nie!« Wirklich? Oder kann es sein, dass Sie bislang solche Begegnungen einfach nicht als bedeutsam eingestuft haben? Oberflächlich betrachtet ist die hier geschilderte Begebenheit ja auch etwas Banales: Man geht in ein Geschäft und trifft zufällig jemanden, den man kennt. Kommt vor, ja und?

Bedeutsam wird dieser Zufall nur, weil Herr und Frau G. ihn für sich als *bedeutsam erleben*. Es kam ihnen wie ein »Wink des Schicksals« vor. Andere Menschen hätten die Begegnung vielleicht mit einem »Ach, Sie auch hier«? abgetan und wären zur Tagesordnung übergegangen, hätten diese kurze Minute schnell vergessen und den Mietvertrag abgeschlossen, ohne sich über die Konsequenzen im Klaren zu sein. Und es wäre ihnen gar nicht aufgefallen, dass hier ein sinnvoller Zufall mit der Chance, etwas für das eigene Leben zu erfahren, an ihnen vorbeiging.

Man kann durchaus üben, sinnvolle Zufälle zu erkennen, und die Kriterien, die Sie in der Checkliste auf Seite 212f. aufgeführt finden, können Ihnen dabei eine Hilfe sein. Blättern Sie während des Lesens ab und zu dorthin und holen Sie sich diese in Erinnerung. Aber bitte vermeiden Sie, nun überall und immer Synchronizität zu wittern – und vor allem: Nerven Sie nicht die Menschen in Ihrer Umgebung mit Ihren neuen Beobachtungen, und versuchen Sie nicht mit missionarischem Eifer, sie für Synchronizität zu begeistern! Sie werden dieser Warnung in diesem Buch noch öfter begegnen. Bei vielen Menschen, die sich mit spirituellen Themen befassen, tritt rasch eine Euphorie ein, eine Begeisterung, die nun die ganze Welt mit einer bestimmten Brille sieht – und leider wird daraus oft auch Besserwisserei. Halten Sie sich an die Regel: Nur wer mit beiden Beinen fest auf der Erde steht, kann es sich leisten, den Kopf in die Wolken zu stecken! Auf die Balance kommt es an, die Balance zwischen Vernunft und Intuition, zwischen Sachlichkeit und Gefühlsbegeisterung – und vor allem auf die Balance zwischen intuitiver Sicherheit und gleichzeitiger kritischer und doch liebevoller Distanz zu sich selbst und den eigenen Beobachtungen.

4 Aus heiterem Himmel: Menschen und Dinge tauchen wieder auf

Eine spezielle Form von synchronistischen Begegnungen ist das Wiederauftauchen von Menschen oder Dingen, die zu einem früheren Zeitpunkt im Leben bedeutsam waren oder erst jetzt bedeutsam werden. Beim Beispiel im vorangegangenen Kapitel, bei dem es um Trennung ging, klang eine solche Begegnung schon an. Auch im folgenden Beispiel geht es um eine Trennung, hier aber um eine Wiederbegegnung mit dem geschiedenen Ehemann.

Eine zweite Chance?

Frau S. war seit vielen Jahren geschieden und mittlerweile in zweiter Ehe verheiratet. Mit ihrem zweiten Ehemann hatte sie eine siebenjährige Tochter und fühlte sich in ihrer neuen Familie eigentlich recht glücklich. Zu ihrem ersten Mann hatte sie seit der Scheidung keinen Kontakt mehr, sie wusste nicht einmal, wo er wohnte. Sie waren in großem Streit auseinandergegangen, und er lehnte jeglichen Kontakt ab. Frau S. zog mit ihrer Familie vor einigen Jahren in einen anderen Ort, wo sie ein Haus bauten.

Sie hatte mit einer Therapie begonnen, weil sie trotz beruflicher Erfolge beständig Probleme mit ihrem Selbstwertgefühl bekam. Im Verlauf ihrer Therapie stieß sie immer wieder auf Schuldgefühle ihrem ersten Mann gegenüber. Hätte sie nicht noch viel mehr versuchen müssen, die Probleme mit ihm zu lösen? Über vieles wäre sie gern noch einmal mit ihm ins Gespräch gekommen.

In ihren Träumen spiegelte sich auch die Sehnsucht nach einem intensiveren Leben, wie sie es in jungen Jahren mit ihrem ersten Mann gehabt hatte. In ihrem jetzigen Leben, das mit Beruf und Familie ausgefüllt war, blieb wenig Zeit für Spontaneität. Mit ihrem ersten Mann konnte sie dies besser leben, allerdings mit der Kehrseite, dass er keine Verantwortung übernahm und ihr vorwarf, sie sei krankhaft ehrgeizig.

In dieser Phase traf sie nun plötzlich ihren ersten Mann mit seiner zweiten Frau im Supermarkt ihres Wohnortes. Es stellte sich heraus, dass sie seit einigen Jahren im Nachbarort wohnten. Die ganze Situation war peinlich, und man ging schnell wieder auseinander. Frau S. wühlte diese Begegnung sehr auf. Zum einen erschrak sie über die Heftigkeit ihrer Gefühle. Sie hatte reagiert wie ein verwirrtes junges Mädchen und nicht wie eine erwachsene Frau. Zum anderen erschrak sie, ihren ersten Mann nun so in der Nähe zu wissen. Aber sie waren sich seit Jahren nie über den Weg gelaufen, und so blieben häufige Begegnungen auch in Zukunft unwahrscheinlich. Aber dass sie ihn ausgerechnet jetzt traf, wo er sie innerlich so beschäftigte, erschien ihr bedeutsam. Sie ärgerte sich darüber, so verlegen gewesen zu sein, dachte tagelang an ihn und wünschte sich, ihn noch einmal zu treffen. Aber sie wollte sich nicht die Blöße geben, ihn anzurufen.

In dieser gefühlsbeladenen Situation geschah das Unglaubliche: Nachdem sie ihn jahrelang nicht getroffen hatte, traf sie ihn nur eine Woche später zum zweiten Mal – wieder im Supermarkt. Dieses Mal war er allein, und sie gingen zusammen einen Kaffee trinken. Dabei stellte Frau S. fest, dass all ihre Phantasien, sie könnten nach diesen vielen Jahren Abstand nun endlich vernünftig miteinander sprechen, der Realität nicht standhielten. Es stellte sich heraus, dass er wie früher schon in finanziellen Schwierigkeiten steckte und sich mühsam mit Jobs über Wasser hielt. Als er hörte, dass Frau S. eine eigene kleine Firma aufgebaut hatte und dass ihr Mann in seinem Beruf sehr zufrieden war, reagierte er aggressiv: Sie habe ja schon immer etwas Besseres sein wollen.

Frau S. fand sich in den gleichen fruchtlosen Diskussionen wie früher, und ihr wurde klar, dass sie den wiedergefundenen Kontakt nicht fortsetzen wollte. Trotzdem war sie dankbar für diese beiden synchronistischen Begegnungen. Sie hatte die Chance bekommen, das Unerledigte mit ihrem ersten Mann noch einmal zu klären. Auch wenn diese Klärung erneut negativ ausfiel, konnte sie nun endlich Abschied nehmen von den Selbstvorwürfen, aber auch diffusen Sehnsüchten, die ihr im Weg gestanden hatten, um ganz bei ihrem zweiten Mann und ihrer Tochter zu sein.

Hier spiegelte also die Realität den heftigen Wunsch, etwas aus der Vergangenheit zu klären. In der Tiefenpsychologie spricht man dabei von einem *Komplex*, in den Frau S. zurückgefallen war. Komplexe sind die unbewussten *Brennpunkte* in der Seele, seelische Energiefelder, die mit starken Gefühlen und intensiven Träumen verbunden sein können. C.G. Jung sagte über Komplexe, sie seien das *Bild* einer bestimmten psychischen Situation, die emotional betont ist, und ein Komplex lasse sich zwar »mit Willensanstrengung unterdrücken, aber nicht wegbeweisen, und bei passender Gelegenheit tritt er wieder mit ursprünglicher Kraft hervor.« (GW 8, § 201)

Wichtig für Frau S. war, dass sie es wagte, die verwirrenden Gefühle überhaupt wahrzunehmen, sie ernst zu nehmen und über sie zu sprechen. Das heißt letztendlich auch: Sie übernahm Verantwortung für diese Gefühle.

So konnte sie schließlich kreativ mit den beiden Chancen umgehen, die ihr diese synchronistischen Begegnungen boten. Auch hier war die Verzögerung fast notwendig: Bei der ersten Chance war sie innerlich noch nicht bereit. Dieser »synchronistische Testlauf« im Supermarkt bereitete sie innerlich auf die zweite Begegnung vor, und diese konnte schließlich die Lösung bringen.

Einen Freund verloren, alte Freunde wiedergefunden

Frau T. hatte sich nach vielen Jahren Zusammenleben von ihrem Freund getrennt. Während dieser langen Beziehung verlor sie den Kontakt zu fast allen ihren früheren Freunden und Freundinnen, weil ihr Partner extrem eifersüchtig war. Einen neuen gemeinsamen Freundeskreis gab es nicht, nur Kontakt zu seiner am Ort lebenden Verwandtschaft.

Da ihr Exfreund sie nach der Trennung so massiv bedrohte, dass sie sich sogar an die Polizei wandte, suchte sie sich eine neue Wohnung an einem möglichst weit entfernten Ort, von dem aus sie ihren Arbeitsplatz gerade noch erreichen konnte. Gleich in der ersten Woche, nachdem sie dort eingezogen war, wurde sie beim Heimfahren von der Arbeit auf der Autobahn von einem Wagen überholt, dessen Insassen ihr heftig zuwinkten und ihr bedeuteten, sie solle auf den nächsten Parkplatz fahren. Es waren ehemalige Freunde, die von ihrem Exfreund vergrault wurden, und sie hatte sich nicht getraut, allein den Kontakt zu ihnen zu pflegen. Nach der Trennung fehlte ihr der Mut, sich wieder bei ihnen zu melden, weil sie sich genierte: Die alten Freunde sollten nicht den Eindruck bekommen, dass sie jetzt wieder gut genug seien. Und ausgerechnet in dieser gefühlsmäßig so aufgewühlten Situation begegnete sie diesen Menschen wieder, die ihr sehr deutlich signalisierten, welch großen Wert sie darauf legten, den Kontakt zu Frau T. wieder zu intensivieren. Sie hatten von der Trennung bereits gehört.

Frau T. wiederum nahm diese Begegnung grundsätzlich als »gutes Zeichen«. Es war für sie eine Bestätigung, dass ihre so mühsam erreichte Entscheidung zur Trennung richtig war. Diese Begegnung spiegelte darüber hinaus ihre eigene neu erwachte Offenheit für andere Menschen wider.

Auch der Ort, an dem die Begegnung stattfand, scheint bedeutsam zu sein: auf der Straße, im Übergang vom alten Ort (wo sie noch arbeitete) zum neuen, »eigenen« Ort, in Bewegung nach jahrelanger Erstarrung, in einer Situation, in der sie selbst am Lenkrad saß und nicht Beifahrerin war. Sie hatte ihr Leben endlich selbst in die Hand genommen, war das Risiko der Einsamkeit eingegangen und wurde schon kurz nach der Trennung »belohnt« mit dem Wiederfinden alter Freunde.

»Suchet und ihr werdet finden« – Die spirituellen Wurzeln gehen nicht verloren

In den folgenden Beispielen geht es um das Wiederfinden von Menschen, die in früheren Jahren den Lebensweg kreuzten und dann durch Umzüge »verloren gingen«.

Seit mehreren Jahren traf ich mich regelmäßig mit einer früheren Kollegin aus Tübinger Zeiten. Sie lebte jetzt 200 Kilometer entfernt, und wir trafen uns immer in einer Stadt auf halber Strecke zum fachlichen und freundschaftlichen Austausch. Gelegentlich fiel mir ein, dass ein früherer Studienkollege aus diesem Ort stammte. Wir studierten – ebenfalls in Tübingen – miteinander Theologie und verloren uns dann aus den Augen. Ich hatte seit fast 20 Jahren nichts mehr von ihm gehört und wusste nicht, wo er lebt. Er hat einen Allerweltsnamen wie »Paul Schulz« und das Nachschauen im Telefonbuch seines Heimatortes war erfolglos: Es gab dort 11 Männer namens »Schulz«, aber keinen Paul Schulz.

Eines Tages, als ich wieder in jenem Ort war, hatte ich ein sicheres Gefühl, dass meine Frage, was aus ihm geworden sei, sich irgendwie von selbst klären würde. Eine Woche später lieh mir eine Freundin ein interessantes Buch von einem amerikanischen Autor. In diesem Buch ging es um seelische Wandlungserlebnisse.

Kurz darauf hatte ich beruflich in Tübingen zu tun. Nach meinem Termin stöberte ich bei Osiander, der bereits erwähnten Buchhandlung in Tübingen. Unter anderem schaute ich in den alphabetisch geordneten Regalen nach einem anderen Buch von jenem amerikanischen Autor, dessen Buch mir so gefallen hatte. Dieses Buch war nicht da – aber genau an der Stelle des Alphabets, wo sein Platz gewesen wäre, stand ein Buch, dessen Autor ebendieser gesuchte Studienkollege war: ein Buch über Meditation! Auf dem Buchklappentext grüßte sein Bild, und sogar sein jetziger Wohnort ging daraus hervor. Ich war tief berührt. Ein einziger Anruf bei der Auskunft – und schon hatte ich seine Telefonnummer! In diesem Ort gab es nur einen Paul Schulz, nämlich ihn.

Als wir miteinander telefonierten, war es so, als hätten wir uns gerade 20 Tage statt 20 Jahre nicht gesehen. Und das Merkwürdigste: Es stellte sich heraus, dass er nur einen Monat später in meinem Nachbarort, der 250 Kilometer von seinem Wohnort entfernt war, einen Meditationskurs halten würde! Der Kurs fand in einem katholischen Kloster statt, das gleichzeitig ein Tagungshaus war. Wir trafen uns dort, und es schien mir sehr passend, dass sich unser Wiedersehen ausgerechnet hier abspielte, in einem kirchlichen Umfeld, das die positiven Seiten des Katholizismus, die wir miteinander im Studium erlebt hatten, repräsentiert: Weltoffenheit, Bildung, Meditation, Frömmigkeit ohne Frömmelei. Wie sich herausstellte, hatten wir uns in all den Jahren in eine ähnliche Richtung entwickelt.

Auch in diesem Beispiel besteht ein komplexes Muster von Beziehungen und Verschränkungen, und es gibt auch einen Umweg, eine *Verzögerung*. Beim Suchen nach einem Buch fand ich das, was ich auf einer tieferen Ebene suchte: einen Hinweis auf den alten Freund. Und fand es dazu noch ausgerechnet in dem Ort, in dem diese alte Freundschaft begonnen hatte. Und in diesem Fall gab es auch »Vermittler«, hier sogar gleich mehrere: erstens die frühere Kollegin, zweitens die Freundin, die mir ihr Buch lieh. Dieses Buch über Wandlungserlebnisse schien ein Feld zu schaffen, in dem sich das, was mich beschäftigte, ereignen konnte.

Das Wiederfinden eines Menschen und die Tatsache, dass beide sich in ähnlicher Weise entwickelt haben, wirkt häufig beflügelnd auf die seelische Entwicklung der Beteiligten. Das Wiederfinden eines alten Freundes kann gleichzeitig einen eigenen seelischen Entwicklungsprozess widerspiegeln und darin bestärken, auf dem richtigen Weg zu sein. Ein solches Erlebnis hinterlässt die Beteiligten wieder einmal mit dem Gefühl, reich beschenkt und ein Teil des größeren Ganzen zu sein – »im Tao zu sein«, in Harmonie mit dem Göttlichen.

Ein Tanz von Wiederbegegnungen

Auch im folgenden Beispiel geht es um das Wiederfinden eines Menschen, dieses Mal sogar in mehrfach durchgespielter Form über viele Jahre hinweg:

Als ich für meinen zweiten längeren Studienaufenthalt in den USA war, suchte ich gleich nach der Ankunft ein gebrauchtes Auto. Ich hatte in einem Supermarkt einen privaten Aushang für einen VW gefunden und rief bei der angegebenen Nummer an. Die Stimme am anderen Ende der Leitung (mit fließendem Englisch und einem winzigen Akzent) kam mir nach einiger Zeit bekannt vor. Mein Gesprächsteilnehmer entpuppte sich als Helmut K., ein Deutscher, der seit einem halben Jahr als Gastprofessor in den USA lebte und den ich bei meinem früheren USA-Aufenthalt kurz auf einem Fest bei deutschen Bekannten getroffen hatte. Danach sahen wir uns nie wieder, und ich hatte auch keinen Kontakt mehr zu den Bekannten. Wir waren beide erstaunt über diesen merkwürdigen Zufall, uns über eine Auto-Annonce in einem Supermarkt wieder über den Weg zu laufen, und verabredeten uns zur Autobesichtigung vor seinem Wohnhaus. Als ich dort klingelte, staunte ich erneut: Auf dem Schild stand auch der Name eines Mannes, der bei meinem früheren Aufenthalt ein Jahr lang mein Nachbar gewesen war, in einem ganz anderen Stadtteil. Auch ein Deutscher übrigens. Aber es stimmte: Helmut und er waren Wohnungsgenossen! So gab es also gleich ein zweifaches Wiedersehen.

Aber was bedeutet nun so ein merkwürdiges Wiederfinden? Es vermittelte mir zu diesem Zeitpunkt Geborgenheit. Ich war gerade erst in einem fremden Land angekommen, in einer Phase meines Lebens, die in jeder Hinsicht eine Veränderung war, beruflich, familiär, beziehungsmäßig, räumlich.

Hier bestand also wieder eine Situation des Übergangs und des Reisens, in der innere und äußere Grenzen überschritten werden. So war diese Lebenssituation prädestiniert für das Auftreten eines sinnvollen Zufalls.

Hinzu kam neben der Auflösung seelischer Erstarrung und Offenheit für Neues, die ja zentrale Merkmale des Reisens sind, eine weitere Auflösung *innerer Grenzen*: Denn durch den Zeitunterschied litt ich an Schlafmangel und fühlte mich dementsprechend erschöpft. Eine solche seelische Situation, die einer Trance ähnelt, lädt synchronistische Erlebnisse geradezu ein. An Tagen mit einem fest geregelten Terminplan, in dem ununterbrochen ein funktionierender Verstand gefordert ist, wird man meist vergeblich auf solche schicksalhaften Fügungen warten.

Die Begegnung mit Helmut enthielt übrigens noch andere synchronistische Facetten: Er hatte sich in den USA mit meiner englischen Freundin angefreundet. Eine etwas tragische Liebesgeschichte, die nie zu einem Happy-End führte. Mary litt sehr darunter, und Helmut stürzte sich in seine Karriere. Durch berufliche Veränderungen und Umzüge verloren Helmut und ich uns aus den Augen, und Mary hatte schon lange keinen Kontakt mehr zu ihm. Oft, wenn wir uns sahen oder telefonierten, sprachen wir aber über ihn.

Schließlich besuchte mich Mary, die in der Zwischenzeit geheiratet hatte, mit ihrem Mann. Am Morgen ihrer Abreise machten wir beide allein einen Spaziergang, und sie fragte mich nun nach Helmut. Ich jedoch wusste nichts über ihn.

Eine Stunde nach Marys Abfahrt klingelte das Telefon. Helmut! Er habe gerade an mich und an die guten alten Zeiten in den USA gedacht, und er habe endlich über Umwege meine Adresse gefunden. Er habe seit einiger Zeit eine Stelle in Süddeutschland. Wir stellten fest, dass er manchmal direkt an meinem Wohnort vorbeikam. Und ob ich eigentlich noch Kontakt zu Mary habe, fragte er ...

Auch hier findet sich wieder ein ganzes Muster von synchronistischen Elementen über einen langen Zeitraum und über viele Orte hinweg, ein Netz, dass Menschen, die in einer zentralen Lebensphase zusammen waren und eine »Wahl-Familie« bildeten, miteinander verknüpft. Aber auch hier gibt es wieder eine Verzögerung, die dafür sorgt, dass der richtige Moment erwischt wird.

Fast möchte man meinen, es sei »absichtlich« so passiert, dass Helmut nicht anrief, solange Mary noch da war, sondern erst nach ihrer Abfahrt, aber ihr Parfüm sozusagen noch im Raum hing, als ich den Anruf entgegennahm. Hätte er früher angerufen, wäre die »Dosis« der Begegnung zu hoch gewesen und die Nebenwirkung nicht absehbar. So aber war es dicht genug und doch nicht zu dicht – und Nähe und Distanz hieß ja das Thema zwischen ihm und Mary, an dem schließlich die Beziehung zerbrach.

Solche Zufälle lassen sich nicht provozieren oder planen. Und doch ereignen sie sich sehr oft, wenn wir uns innerlich öffnen für die Menschen, die wichtig sind in unserem Leben oder die zu einem früheren Zeitpunkt wichtig waren und ein Stück unseres Lebensweges mit uns gegangen sind. Diese Wiederbegegnungen müssen nicht in jedem Fall zu einer erneuten Intensivierung der Beziehung führen. Auch hier sollte man sich selbst und dem anderen die Freiheit lassen für spielerische Entwicklung. Vielleicht ist für den anderen die erneute Begegnung nicht so bedeutsam. Zum verantwortlichen Umgang mit einem synchronistischen Erlebnis gehört dann auch, die Bedeutung für das eigene Leben dankbar anzunehmen und dem anderen die Freiheit zu lassen, weiter seinen eigenen Weg zu gehen.

Exotische Briefmarken und ein Französischlehrer in Afrika

So erging es Frau L., als sie durch eine Kette merkwürdiger Zufälle mehrfach auf ihren früheren Französischlehrer Herrn M. stieß. Als Teenager hatte sie sehr für ihn geschwärmt, und sie war damals sehr traurig gewesen, als er die Schule verließ, um an einer deutschen Schule in einem afrikanischen Land zu arbeiten. Herr M. hatte seine Schüler immer für die große weite Welt zu begeistern versucht, indem er sie für besondere Leistungen mit sehr schönen exotischen Briefmarken belohnte.

Eines Tages fand Frau L. beim Aufräumen die Hülle mit all den alten Briefmarken, die sie von ihm bekommen hatte und seit nunmehr 25 Jahren aufbewahrte. Sie war sehr berührt und fragte sich, was wohl aus Herrn M. geworden sei. Der damals Fünfunddreißigjährige müsste jetzt fast im Rentenalter sein.

Am selben Nachmittag war Frau L. bei neuen Bekannten in einem 100 Kilometer entfernten Ort zum Kaffee eingeladen. Beim Erzählen kam die Rede darauf, dass sie in N. in Hessen aufgewachsen war. Der Bekannte sagte: In N. kenne er einen früheren Kollegen, der vor zehn Jahren mit ihm in Afrika an derselben Schule Lehrer gewesen sei. Er heiße M. Der Name stimmte, und auch sonstige Details deuteten darauf hin, dass es sich um Frau L.s ehemaligen Französischlehrer handeln musste. Aber der Ort und die Zeit stimmten nicht – Frau L. hatte ein anderes afrikanisches Land in Erinnerung, und Herr M. war vor 25 Jahren dorthin gereist.

Und siehe da: Das stimmte. Denn es stellte sich heraus, dass Herr M. Jahre vorher in diesem Land gearbeitet hatte, dann wieder mehrere Jahre in Deutschland war und schließlich wieder nach Afrika ging. Der Bekannte erzählte auch von

Spannungen im Kollegium an dieser Schule, die Herrn M. und einen anderen Kollegen betrafen. Frau L. war merkwürdig berührt, konnte sich aber keinen Reim darauf machen. War all dies lediglich ein Zufall oder bedeutete es etwas?

Zu dieser Zeit sammelte Frau L. Material für ihre Habilitation und las dafür auch sehr viel französische Literatur. Nur wenige Tage nach der »Wiederentdeckung« ihres alten Französischlehrers fand sie in einem Buch die deutsche Schule des afrikanischen Ortes erwähnt, an der Herr M. vor 25 Jahren unterrichtet hatte! Und in der Geschichte, in der diese Schule erwähnt wurde, ging es unter anderem um einen Brief und der damit verbundenen Entdeckung, gemeinsame Bekannte zu haben. Nun war Frau L. sicher, dass dem Ganzen eine Bedeutung zukam. Aber welche?

Während einer Therapiesitzung gingen wir gemeinsam diese Erlebnisse anhand der Merkmale für Synchronizität durch, um sie besser zu verstehen. Schauen wir also die Einzelheiten entlang der Synchronizitätsliste (siehe auch Seite 212f.) genauer an:

1. Diese Zufälle konnten weder von Frau L. noch von ihren neuen Bekannten *verursacht* werden. Sämtliche in diesem Erlebnis vorkommenden Orte sowohl in Afrika als auch in Deutschland lagen viel zu weit auseinander, um überhaupt an geplante Zusammenhänge denken zu können. Dasselbe gilt für die Zeiten.

2. Der *tiefe emotionale Eindruck* war bei Frau L. in jedem Fall vorhanden. Beim Lesen der Geschichte, in der die erwähnte Schule eine Rolle spielte, wurde ihr beinahe unheimlich zumute.

3. Die *symbolische Bedeutung* erschloss sich nicht ohne weiteres. Frau L. spielte mit dem Gedanken, sich nach der Habilitation an der Universität in der Nähe ihres Geburtsortes zu bewerben. Außerdem lebten mittlerweile wieder etliche ihrer alten Schulfreunde in diesem Ort. Bislang waren ihr diese Kontakte nicht so wichtig gewesen, aber sie sehnte sich nach vertrauten Menschen, nachdem sie durch ihren langen Frankreich-Aufenthalt viele Kontakte verloren hatte. Andererseits konnte sie sich kaum vorstellen, wieder in einer kleinen deutschen Universitätsstadt zu leben.
Ihr ehemaliger Lehrer nun stand für beides: Er hatte für sie damals die schulische Langeweile in dem kleinen Ort erträglich und sogar schillernd gemacht, und er war der erste Mensch in ihrer Umgebung, der den Schritt ins Ausland wagte. Erst jetzt wurde ihr bewusst, welch großen Anteil er an ihrem eigenen Interesse an anderen Kulturen hatte. Darüber hinaus erlernte sie von ihm die Anfänge der französischen Sprache, die für ihren beruflichen Weg so entscheidend sein sollte.
Frau L. beschloss, ihre Bekannten um die Adresse ihres alten Lehrers zu bitten und ihm einen Brief zu schreiben.

4. Frau L. befand sich in vieler Hinsicht in einer *Übergangsphase* – beruflich durch ihre Habilitation (in gewisser Weise wurde sie sogar wieder Schülerin) und räumlich durch einen sich abzeichnenden Ortswechsel. Damit verbunden waren auch ihre persönlichen Beziehungen im Übergang.

5. Eine *Verzögerung* ereignete sich zwar nicht im engeren Sinne – aber eine zeitliche Verwirrung entstand, da Frau L. ihren Lehrer zu einem früheren Zeitpunkt in Afrika wusste und ihr der spätere Aufenthalt in einem anderen afrikanischen Ort nicht bekannt war. Durch diesen späteren Aufenthalt aber konnten sich erst die hier geschilderten Zufälle konstellieren.

6. Boten oder *Vermittler* waren hier zum einen die neuen Bekannten, zum anderen aber auch die Briefmarken dieses Lehrers. Jene Marken wiederzufinden hatte sie schon innerlich »eingestimmt« auf das Wiederfinden, das kurz darauf eintrat. Und sinnigerweise spielte ja auch in der Geschichte, die Frau L. kurz darauf las, ein Brief eine synchronistische Rolle.

7. *Ironie* kommt – jedenfalls nach den bisherigen Informationen – in diesem Erlebnis nicht vor. Oder vielleicht doch?

8. *Komplexe Muster* – oh ja! Briefmarken, gemeinsame Bekanntschaft mit dem Französischlehrer, verschiedene Orte in Afrika zu verschiedenen Zeiten, eine Geschichte, in der der erste Ort vorkam – und dann ging indirekt die Komplexität sogar noch weiter. Die neuen Bekannten von Frau L. flogen einige Monate nach dieser Begegnung nach Afrika. Und man glaubt es kaum: Sie trafen dort »zufällig« beim Abflug auf dem Flughafen ebenjenen ehemaligen Kollegen, der damals Herrn M.s Gegenspieler gewesen war. Dieser Kollege hielt sich ebenfalls nach vielen Jahren zum ersten Mal wieder in Afrika auf. Auch hier also wieder das Thema Reisen und Synchronizität.

9. *Synchronizität der Synchronizität* ist vielleicht in der Tatsache zu finden, dass die Geschichte, die Frau L. las, einen merkwürdigen Zufall mit einem Brief beinhaltet. Oder auch umgekehrt: Während sie noch innerlich damit beschäftigt ist, sich einen Reim auf das merkwürdige synchronistische »Wiederfinden« ihres alten Lehrers zu machen, stößt sie auf die Geschichte, in der sowohl die Schule in Afrika als auch das Wiederfinden von Menschen über einen Brief vorkommen.

Frau L. erhielt schließlich von ihren Bekannten die Adresse ihres Lehrers, der tatsächlich wieder in ihrem Heimatort wohnte. Sie nahm brieflich Kontakt zu ihm auf, und es stellte sich heraus, dass er nach den Jahren im Ausland nun gern wieder an den kleinen Ort zurückgekehrt sei und sich freuen würde, sie einmal als Erwachsene wiederzusehen.

Frau L. verstand diese Information, dass er wieder in den Heimatort zurückgekehrt war, als Teil der symbolischen Bedeutung dieses Erlebnisses für ihr eigenes Leben. Alles schien darauf hinzudeuten, dass es für sie richtig war, ebenfalls wieder dorthin zurückzukehren. Ihr Eifer wurde jedoch ein wenig gedämpft, als sie dann Herrn M. tatsächlich wiedersah. Das Gespräch war mühsam, und es wurde deutlich, dass der wiedergefundene Kontakt nicht bedeutete, dass sich hier eine Beziehung fortsetzen könnte und dass sich auf Kindheitserinnerungen nicht unbedingt Erwachsenenfreundschaften aufbauen lassen.

Herr M. berichtete, dass er nur wenig Kontakt zu früheren Kollegen und Bekannten habe. Die hätten alle ihr eigenes Leben aufgebaut, und er habe sich ganz neu zurechtfinden müssen. Frau L. wurde in diesem Moment klar, dass sie sich von der Illusion würde frei machen müssen, einfach an alte Beziehungen anknüpfen zu können. Sie würde ihre Sehnsucht danach, endlich irgendwo zu Hause zu sein, auf ihre eigene Weise lösen müssen. Zwar war das konkrete Wiedersehen mit dem früher umschwärmten Lehrer eine Enttäuschung, aber in der gesamten Erfahrung lagen wichtige Hinweise für ihren Lebensweg.

Dieses Beispiel zeigt deutlich, wie wichtig ein differenzierter Umgang mit einem synchronistischen Erlebnis ist. Die Botschaften entfalten sich oft nur langsam, wollen behutsam entdeckt werden, und bei aller Begeisterung ist selbstkritische Zurückhaltung durchaus eine brauchbare Tugend, um nicht am eigentlichen Sinn vorbei zu interpretieren. Und gelegentlich ist es sogar gut, nicht weiter nach einem Sinn zu suchen, sondern sich einfach zu freuen über die kleinen Geschenke am Wegesrand, die das Schicksal für uns bereithält.

Synchronizität und Adoption – Die »Stimme des Blutes«?

Ein sehr spezieller Fall des Wiederfindens von Menschen ist es, wenn sich durch eine Verkettung merkwürdiger Zufälle ein adoptiertes Kind und seine Mutter und/oder Vater wiederfinden. Mir selbst sind keine solchen Fälle bekannt, aber ich kenne aus meiner psychotherapeutischen Praxis die tiefe Sehnsucht von adoptierten Kindern, die als Erwachsene verzweifelt nach ihren Wurzeln suchen. Deshalb möchte ich dieses Thema zumindest erwähnen und Adoptierte und deren Eltern ermutigen, diesem Bereich Aufmerksamkeit zu schenken.

Ich selbst wurde darauf aufmerksam durch das Buch von LaVonne Harper Stiffler »Synchronicity and Reunion«.

Sie schildert darin sehr anschaulich viele Fälle, in denen Eltern und Kinder sich trotz widriger Umstände durch synchronistische Begebenheiten wiederfanden. Ebenso schildert sie viele erstaunliche Zufälle, die sich erst herausstellten, nachdem die Verwandten sich wiedergefunden hatten: beeindruckende Ähnlichkeiten von Namen in den Ursprungs- und Adoptivfamilien, beeindruckende Fälle von Umzügen, die quer durch den amerikanischen Kontinent Eltern und verlorene adoptierte Kinder wieder in die Nachbarschaft zueinander führten. Stellvertretend für die vielen geschilderten Lebensgeschichten sei hier die folgende dargestellt:

»Es war sehr ungewöhnlich, herauszufinden, dass ich fast drei Jahre lang nur drei Straßen entfernt von meiner leiblichen Mutter wohnte, während ich nach ihr suchte. Und das ausgerechnet in einer riesigen Großstadt! Es war genau in der Wohngegend, wo früher mein Mann aufgewachsen war und 18 Jahre gelebt hatte. Meine Mutter hatte dort neun Jahre lang gelebt. Und außerdem arbeiteten wir seit einem halben Jahr im selben Geschäft, als wir entdeckten, dass wir Mutter und Tochter waren!« (S. 55, eigene Übersetzung)

Die hier geschilderten tiefen Verbindungen, die zwischen leiblichen Verwandten existieren können, stimmen durchaus nachdenklich, was die Praxis von anonymen Adoptionen angeht. Sie untermauern auch die kritischen Anmerkungen, die in jüngster Zeit Bert Hellinger (1994) über Adoptionen machte. Wenn Sie selbst von diesem Thema betroffen sind, finden Sie möglicherweise dort hilfreiche Anregungen, wie Sie die Botschaften erkennen können, die Ihnen das Schicksal für Ihre spezielle Lebenssituation übermittelt.

Der umgangssprachliche Begriff vom »Band zwischen Mutter und Kind« oder der eher ideologiebefrachtete von der »Stimme des Blutes« drücken vielleicht eine tiefe Weisheit aus, ein archetypisches Wissen um Geburt und Zusammengehörigkeit, das im Rahmen der von Bürokratie geprägten Adoptionsregelungen verloren gegangen ist.

Der Ring des Polykrates – Dinge finden ihren Besitzer

Nicht nur Menschen können einander wiederfinden, sondern auch Dinge und Menschen, die »zusammengehören«. In der Literatur sind viele solcher Beispiele belegt. Eine wahre Fundgrube für solche Fälle ist Wilhelm von Scholz. Er spricht sogar von einer »Anziehung von Eigentum und Eigentümer« (S. 44) und schildert eine Reihe von Begebenheiten, in denen verlorene Gegenstände wieder zu ihren Besitzern finden. Er untersucht aber nicht den Sinngehalt dieser Episoden, so dass wir hier nicht ohne weiteres von synchronistischen Begebenheiten sprechen können. Für eine nachträgliche Analyse fehlen die notwendigen Informationen über die psychische Situation und die Lebenssituation der Betroffenen. Es lässt sich also nicht spekulieren, *welche* Botschaft für das Leben der Betroffenen enthalten sein könnte, sondern lediglich vermuten, *dass* diese Zufälle eine Botschaft enthalten könnten.

Auch Alan Vaughan schildert etliche Fälle, in denen Gegenstände zu ihrem Besitzer zurückkehren. Aber auch er geht nicht auf die symbolische Bedeutung dieser gelegentlich atemberaubenden Zufälle ein und nennt sie meiner Meinung nach etwas vorschnell »synchronistisch«, ohne die psychische Situation der Betroffenen einzubeziehen.

Immer wieder liest man in Zeitungsberichten über die wundersame Wiederkehr von Gegenständen. So gibt es in meiner Sammlung solcher Berichte einen Fall, in dem eine Frau in Norwegen bei der Zubereitung von Elch-Innereien ihren Ehering entdeckte, den sie drei Jahre vorher verloren hatte. Auch hier sind keine Einzelheiten bekannt, die Rückschlüsse auf den Sinngehalt ziehen lassen. Da ein Ehering aber einen tiefen symbolischen Gehalt hat, ist nicht auszuschließen, dass hier synchronistische Elemente hineinspielen.

In einem anderen Bericht, der die Überschrift »Wunder« trägt, ist die Rede vom Gebiss eines Holländers, das von ihm in einem Anfall von Seekrankheit über Bord gespuckt wurde und sich im Magen eines Kabeljaus wiederfand. Der Angler suchte per Annonce nach dem Eigentümer des Gebisses und fand ihn. Der Artikel schließt mit den Worten: »Und die Moral von der Geschicht? Nie die Hoffnung aufgeben!«

Die Ihnen vielleicht aus der Schule noch geläufige Ballade vom »Ring des Polykrates« findet anscheinend ihr Thema auch in der Realität. Falls sich bei Ihnen selbst oder bei jemandem, den Sie gut kennen, eine solche Geschichte ereignet, versuchen Sie, möglichst viele Informationen zu sammeln, um eventuell einen Sinn zu entdecken. Falls sich keiner entdecken lässt – nun, dann zwingen Sie keinen hinein!

Im nun folgenden Beispiel kenne ich nur eine Seite der Beteiligten, aber schon diese Seite reicht aus, um den synchronistischen Gehalt festzustellen. In diesem Fall reicht die symbolische Bedeutung sogar bis in die frühe Kindheit hinein.

Ein Teddybär kehrt zurück

Frau A., eine Kunsthandwerkerin, verkaufte in einer von ihrem Wohnort 60 Kilometer entfernten Stadt ihre Werke auf einem Marktfest. Gegen Mittag entdeckte sie neben ihrem Stand einen großen Teddybären aus Plüsch, den anscheinend ein Kind dort verloren hatte. Es war ein sehr teures Spielzeug, und Frau A. war sicher, dass die Eltern danach suchen würden. Sie fragte an den benachbarten Ständen, fragte viele Kunden. Niemandem gehörte der Bär.

Sie erinnerte sich daran, wie sie vor vielen Jahren als kleines Mädchen ebenfalls ihren geliebten Teddybär verloren hatte. Er war verbrannt, als ihre ältere Schwester für sie beide Karamelbonbons kochen wollte. Obwohl Frau A. damals einen neuen Teddy als Ersatz bekam, hatte sie jahrelang um »ihren« Teddy getrauert und seine verkohlten Überreste heimlich auf dem Dachboden aufbewahrt. Sie konnte sich gut vorstellen, was in dem Kind vorging, das nun »seinen« Teddy verloren hatte. Da sich aber bis zum Abend niemand meldete und sie nach Hause fahren musste, nahm sie das Stofftier mit.

Am nächsten Tag hinterließ sie im Fundbüro der Marktstadt telefonisch eine Nachricht. Zwei Wochen später erzählte Frau A. in ihrem Wohnort (wohlgemerkt: 60 Kilometer entfernt vom Fundort des Teddys) einer Bekannten von diesem Erlebnis. Diese erinnerte sich, vor einer Woche in einem überregionalen Werbeblatt eine Suchanzeige gelesen zu haben: »Unsere kleine Nicole kann nicht mehr schlafen, seit sie in M. ihren Teddy verloren hat.« Es war schwierig, das längst weggeworfene Werbeblatt zu finden, aber die Suche brachte schließlich Erfolg. Noch am selben Tag kam die Familie angereist, um den geliebten Teddy abzuholen. Frau A. war tief berührt von der sprachlosen Freude des kleinen Mädchens und hätte beinah selbst geweint, denn das Ganze hatte für sie eine besondere Bedeutung.

Ihre ältere Schwester und sie waren sich nämlich in jüngster Zeit nach Jahren der Fremdheit wieder näher gekommen. Frau A. hatte sich immer von ihr im Stich gelassen gefühlt, und dieses Gefühl nahm vielleicht seinen Anfang in ihrem eigenen frühen Erlebnis mit dem Teddy. Erst in letzter Zeit war ihr bewusst geworden, wie wichtig sie tatsächlich für ihre Schwester war. Als sie ihr von dem jetzigen Erlebnis erzählte, erfuhr sie, dass diese nach dem Malheur von damals noch am gleichen Tag verzweifelt versucht hatte, für sie genau den gleichen Teddy als Ersatz zu finden.

So führte in einer Phase, in der die Beziehung zwischen Frau A. und ihrer Schwester zu heilen begann, dieses Erlebnis zur weiteren Klärung und Heilung. Das alte Thema wurde auf eine neue Weise durchgespielt: Frau A. befand sich in diesem Erlebnis nun nicht mehr in der Rolle des Kindes, sondern quasi in der Rolle der älteren Schwester, die helfen wollte. Erst jetzt, als sie selbst nicht mehr im Groll verhaftet war, konnte zwischen beiden Schwestern eine Versöhnung erfolgen.

Die kleine Nicole war übrigens im gleichen Alter wie Frau A. damals. Was dieses Erlebnis für das kleine Mädchen bedeutete, das jetzt den Teddybär verlor, wissen wir nicht. Aber dass von den vielen Menschen auf dem Markt gerade Frau A. den Teddy fand, die wie keine andere Mitgefühl für das Kind hatte, ist beeindruckend. Fast scheint es, als habe sich der Teddy diese »Patin« gesucht, um seine Rückkehr sicherzustellen.

5 Webmuster von Raum und Zeit: Wer Tagebuch schreibt, hat mehr von Synchronizität

Die Zeit kann viele Muster bilden. Im synchronistischen Erlebnis tauchen Themen oder Namen gleichzeitig auf, geschehen Dinge gleichzeitig, Inneres und Äußeres fallen zusammen. Oder es kommt zu zeitlichen Verzögerungen, die schließlich dazu führen, dass etwas Synchronistisches sich zum richtigen Zeitpunkt ereignen kann. Die alten Griechen hatten sogar einen speziellen Begriff für den richtigen Augenblick. Sie nannten ihn »Kairos«. Kairos ist »*nicht* die *messbare* Zeit, sondern die Zeit, an der wir *teilhaben*; es ist eine Zeit, die uns so in Anspruch nimmt, dass wir jegliches Zeitgefühl verlieren; eine zeitlose Zeit, Augenblicke, in denen die Zeit stillzustehen scheint, eine nährende, erneuernde Zeit, eine ›Mutter-Zeit‹ ... *Kairos* ist stets dann zugegen, wenn wir einen emotional sinnvollen oder spirituell bedeutsamen Augenblick erleben – eine Zeit, in der wir uns mit dem Selbst, dem Tao, der Liebe, die uns mit anderen verbindet, eins fühlen.« (Shinoda Bolen 1988, S. 138)

Im chinesischen »I Ging« geht es um die Zeit-Qualität, um das, was in genau diesem Moment, wo ich das Orakel befrage, in meinem Leben im Hinblick auf die kosmische Ordnung wichtig ist. Das I Ging ist das Buch der Wandlungen, und so, wie die Zeit »nicht stillsteht«, ist alles Leben Wandlung in einer zeitlichen und räumlichen Dimension (siehe auch Seite 172ff.).

Die 64 I Ging-Zeichen werden deshalb auch in einem großen Kreis dargestellt, der keinen Anfang und kein Ende hat, in dem aber alle Zeichen miteinander in Bezug stehen, sich gegenseitig durchdringen und ineinander wandeln können. Zeitliche und räumliche Begriffe spielen auch in den einzelnen Zeichen des I Ging eine Rolle. Franciscus Adrian (1994) geht detailliert darauf ein und betont, dass nicht nur die positiven zeitlichen Dimensionen erwähnt sind, sondern auch die negativen, beispielsweise »Die Zeit verlässt ihn« oder »Man versäumt die höchste Zeit«. Adrian betont: »Nur im vollständigen Einklang mit den Erfordernissen der Zeit, dem ›Gebot der Stunde‹, gelingt es Menschen, in vollständiger Harmonie mit dem Weltenlauf im Leben zu wandeln und ihr Leben entsprechend der Zeit zu wandeln ... Kalender und Orakel, die Werkzeuge der Chronomantik, bilden die Nabelschnur zwischen dem Himmel als Quell der Zeit und dem Menschen als Kind der Zeiten.« (1994, S. 117) Chronomantik ist die Wissenschaft der Bestimmung günstiger und ungünstiger Zeitpunkte, und auch unsere Umgangssprache kennt diesen Begriff: Wie oft spricht man ohne weiteres Nachdenken davon, jemand habe die »Zeichen der Zeit« erkannt oder eben nicht erkannt!

Interessanterweise gibt es das Zeichen »nach der Vollendung« als vorletztes Zeichen (Nr. 63) und das Zeichen »vor der Vollendung« als letztes Zeichen (Nr. 64), bevor ein neuer Zyklus beginnt. Beide Zeichen sehen aus wie Spiegelbilder voneinander und haben das jeweils andere zum Partnerzeichen. (Fiedeler, S. 541) Das Zeichen »die Vollendung« gibt es nicht. Die Welt und der einzelne Mensch sind nie »fertig«, Leben heißt Veränderung.

Auch im »Tarot« ist dieses Thema zu finden. In der Karte »die Welt« steht eine junge Frau auf einem Bein, dem Sinnbild leichten Lebens, in einem ovalen Kreis, der als rollendes Rad der Zeit, Blumenkranz, magischer Ring gedeutet werden kann. Das Oval wird auch als »Welten-Ei« gedeutet. Um diesen Kreis angeordnet sind die vier Grundkräfte, Jahreszeiten, Weltecken. Auch hier wird die Welt gesehen als ewige Wandlung.

Das Phänomen der Zeit hat Menschen schon immer fasziniert, und Marie-Louise von Franz schildert in einem sehr schön bebilderten Buch, wie verschiedene Kulturen zu verschiedenen Zeiten versucht haben, dieses Mysterium zu ergründen (1992).

In neuerer Zeit gibt es auch eine Fülle von Veröffentlichungen, die die Quantenphysik für Erklärungen heranziehen. Sie setzen allerdings fundierte naturwissenschaftliche Kenntnisse voraus. Auf eher intuitive und amüsante Weise stellt Bob Toben in seinem »Physikalischen Comic« über Raum-Zeit und erweitertes Bewusstsein die komplexen Zusammenhänge dar, wie Vergangenheit, Gegenwart und Zukunft zusammenfallen können.

Der Mediziner und Chaos-Forscher Friedrich Cramer gibt einen sehr guten Überblick über Zeit-Theorien in seinem Buch »Der Zeitbaum«. Auch er betont die »Unvollendbarkeit aller möglichen Konzepte«.

Mit dem Rätsel der Zeit befasst sich auch Augustinus in seinen »Confessiones«: »Was also ist die Zeit? Wenn mich niemand darüber fragt, so weiß ich es; wenn ich es aber jemandem auf seine Frage erklären möchte, so weiß ich es nicht. Das jedoch kann ich zuversichtlich sagen: Ich weiß, dass es keine vergangene Zeit gäbe, wenn nichts vorüberginge, keine zukünftige, wenn nichts da wäre. Wie sind aber nun jene beiden Zeiten Vergangenheit und Zukunft, da jedoch die Gegenwart nicht mehr ist und die Zukunft noch nicht da ist?«

Intuitiv können wir die merkwürdigen Eigenschaften und Muster der Zeit verstehen, *intellektuell* nur begrenzt definieren. Selbst ein Quantenphysiker wie Fred Wolf wurde über seiner Forschung eher zum Mystiker, der seine Erkenntnisse in veränderten Formen des Bewusstseins sucht. Im Zustand der Meditation oder Trance lassen sich wie in einem Traum die verschiedenen Ebenen gleichzeitig wahrnehmen.

Die vielen ineinander verflochtenen Ebenen der Zeit, die sich in der Synchronizität zeigen, spiegelt auch das Buch, das Sie gerade in der Hand halten, wider. Viele Aspekte greifen *mehrdimensional ineinander*, müssen aber *eindimensional nacheinander* dargestellt werden, weil unsere Sprache nur diese lineare Richtung kennt. Wie bei einem bunten mehrschichtigen Gewebe aus verschiedenen Fäden muss man auch in diesem Buch gelegentlich an eine andere Stelle springen, einen Faden wiederaufnehmen oder einen Faden, der erst später benötigt wird, jetzt schon einflechten.

Lebenszeit, Gedächtnislücken und Verantwortung

Ein Gespür für die Eigenschaften der Zeit bekommen wir vielleicht am ehesten, indem wir unsere eigene Lebenszeit ernst nehmen und für diese Verantwortung übernehmen, soweit es uns möglich ist. Synchronistische Begebenheiten können unsere Wahrnehmung für unsere eigene Lebenszeit schärfen. Sie bieten uns die Chance, den Strom des eigenen Lebens und seine Muster zu spüren und zu erkennen. Ein Tagebuch zu schreiben kann dabei hilfreich sein.

In den bisherigen Kapiteln gab es immer wieder Verweise auf Daten und frühere Begebenheiten, die in synchronistischen Erlebnissen der Gegenwart anklingen. Ein Thema, das zu einem früheren Zeitpunkt im Leben bedeutsam war, taucht im synchronistischen Erlebnis wieder auf – und das manchmal zum gleichen Datum einige Jahre später. Diese Zusammenhänge können aber nur als synchronistisch erkannt werden, wenn sie gut dokumentiert sind. Das eigene Gedächtnis ist da eine höchst unzuverlässige Quelle, zumal es ja in schicksalhaften synchronistischen Begebenheiten oft um eine Fülle von Details geht.

Diese sind, wie schon erwähnt, wie bei einem textilen Gewebe miteinander in vielen verschiedenen Mustern verbunden. Die Ähnlichkeit des Schicksals mit einem Gewebe ist ein Bild, das schon sehr früh in der Mythologie auftaucht. In der griechischen Mythologie entscheiden drei Schicksalsmächte, die *Moiren*, über das Leben des Menschen. *Klotho* spinnt den Lebensfaden, *Lachesis* misst ihn und erhält ihn durch alle Lebensprozesse hindurch, und *Atropos* schneidet ihn ab. Sie sind die Töchter des Zeus und der Themis. Und der Name »*Themis*« bedeutet »*Ordnung*«. Die Schicksalsgöttinnen sind also Töchter des Göttervaters und Töchter der Ordnung. Sie ordnen das Gewebe menschlichen Lebens.

In der römischen Mythologie haben die drei *Parzen*, welche die gleichen Namen wie die griechischen Moiren tragen, eine ähnliche Funktion. In der germanischen Mythologie gibt es ebenfalls drei Schicksalsgöttinnen, die *Nornen*. *Urd* repräsentiert die Vergangenheit, *Verdandi* die Gegenwart und *Skuld* die Zukunft, aber auch den Tod. Sie sind Schwestern, die das Schicksal als Ganzes kennen. Sie kennen also nicht nur die Fäden, aus denen das Schicksal gewebt ist, sondern das ganze Gewebe.

Ein synchronistisches Ereignis kann sich in seinen vielen Elementen auf das gesamte Schicksal eines Menschen beziehen, kann in der Gegenwart auf die Vergangenheit, aber auch auf die Zukunft verweisen. Verschiedene Ebenen sind wie bei einem Gewebe einmal an der Oberfläche, einmal an der Unterseite. In einem Teil des Gewebes tritt eine Farbe in den Vordergrund, im anderen zieht sie sich in den Hintergrund zurück und macht einer anderen Farbe Platz. Verschiedene Materialien können verwoben sein, das eine Gewebe lässt Licht hindurch, das andere ist fest. Ein einziger Webfehler kann das restliche Muster verderben.

Ähnlich ist es mit den komplexen Details synchronistischer Phänomene. Ein falsch erinnertes oder vergessenes Detail kann dem Ganzen eine falsche Bedeutung geben, so wie ein einziger verirrter Faden das gesamte Gewebe verzieht. Wer sich ernsthaft mit Synchronizität und den Botschaften für das eigene Leben befasst, sollte zumindest ein Tagebuch führen, in dem er synchronistische Begebenheiten notiert. Noch besser wäre es, auch über andere Themen und Begebenheiten, Träume und Ideen zu schreiben. Vergangenheit, Gegenwart und Zukunft können so ein Ganzes bilden, dessen innere Muster nachfühlbar und nachprüfbar sind.

Ich selbst habe schon sehr früh damit begonnen, Tagebuch zu führen. In fast 35 Jahren sind inzwischen mehr als 100 Bücher entstanden, die nicht nur mein individuelles Leben, sondern eine ganze Zeit-Epoche widerspiegeln. Ich schreibe nicht täglich, und ich schreibe auch nicht alle äußeren Ereignisse auf. Es gibt intensive Lebensphasen, in denen ich sehr viel schreibe, und es gibt Tage, an denen ich gar nicht schreibe oder nur stichpunktartig kurze Notizen mache, um etwas nicht zu vergessen. Schon lange bevor ich den Begriff »Synchronizität« kannte, schrieb ich merkwürdige Zufälle auf.

Falls Sie meinen, Sie hätten gar keine Zeit, um Tagebuch zu schreiben: Sie müssen sich nicht immer extra dafür zurückziehen. In ein kleines Notizbuch lässt sich auch unterwegs leicht schreiben, und beispielsweise eignen sich Wartezeiten hervorragend zum Tagebuchschreiben. Bis der Bus oder die

U-Bahn eintreffen bzw. die 10 Minuten zum nächsten Termin überbrückt sind, ist immer noch Zeit für einige Notizen. Abends im Bett lassen sich vielleicht ebenfalls einige Minuten erübrigen, um den Tag zu überdenken.

Tagebuch zu schreiben bringt einen in Kontakt zu den eigenen tieferen Schichten, ohne die Argumente eines anderen Menschen einbeziehen zu müssen – wenn es denn ehrlich und schonungslos sich selbst gegenüber erfolgt.

Beim Lesen früherer Einträge wird einem so bewusst wie nirgends sonst, dass nichts so trügerisch ist wie das eigene Gedächtnis. Gerade beim Verstehen synchronistischer Erlebnisse, die wichtig für die eigene Weiterentwicklung sind und vielleicht weit in die Vergangenheit hineinreichen, halte ich es für sehr wichtig, sich nicht selbst etwas vorzumachen. Insbesondere bei »negativen« synchronistischen Erlebnissen, von denen noch die Rede sein wird, ist gerade das aber sehr verlockend. Die ernsthafte Lektüre der *eigenen* Darstellung früherer unangenehmer oder peinlicher Erlebnisse macht es einem schwer, sich die Interpretation zu eigenen Gunsten zurechtzulügen. Oder um es in tiefenpsychologischen Begriffen zu sagen: Das Tagebuch konfrontiert uns mit dem eigenen Schatten, den Anteilen in unserer Persönlichkeit, die wir gern abspalten und verleugnen.

Diese Schattenseiten sind oft beteiligt, wenn zerstörerische synchronistische Ereignisse geschehen. Aus eigener Erfahrung wie aus vielen Therapien weiß ich aber, dass es manchmal gerade die »negativen« synchronistischen Begebenheiten sind, die uns aufmerksam machen auf notwendige Veränderungen, die uns wirklich weiterhelfen, wenn wir ihnen aufmerksam zuhören. Sofern diese anstehenden Veränderungen ihre hemmenden Wurzeln in der Vergangenheit haben, kann es sehr hilfreich sein, diese Vergangenheit möglichst objektiv anzuschauen.

Natürlich hat der Einwand, Tagebuchaufzeichnungen seien doch etwas zutiefst Subjektives, seine Berechtigung. Aber das, was ich damals unverkennbar in *meiner Handschrift* aufschrieb und jetzt nachlesen kann, ist in jedem Fall objektiver als meine *Erinnerung* an die damaligen Erlebnisse oder Gedanken. Und möglicherweise ist gerade das Unangenehme aus der Vergangenheit nun hilfreich, um einen befreienden Schritt in die Zukunft zu tun.

Die Aufzeichnungen, die wir in der Gegenwart machen, können wiederum hilfreich sein, in Zukunft die Bedeutung synchronistischer Begebenheiten zu verstehen oder sie erst dann als synchronistisch zu erkennen. Schreiben schärft die Wahrnehmung und macht sensibler für Details, die eine wichtige Botschaft erhalten können.

Im Folgenden wird die Geschichte einer Klientin geschildert, die seit einigen Jahren Tagebuch führt und die während der Therapie auf Zusammenhänge aufmerksam wurde, die weit in die Vergangenheit hineinreichen. Dabei spielten auch einige jüngst dokumentierte Erlebnisse eine besondere Rolle.

Italien, ein Kindergarten und ein Krankenhausbett

Frau H. und ihre Familie verbrachten vor einigen Jahren den Sommerurlaub auf einem Campingplatz in Italien. Auf diesem Platz stand ein Wohnmobil mit einem Kennzeichen aus dem Ort, in dem Frau H. ihre Kindheit verbrachte. Sie sah eine Familie mit mehreren Kindern vor diesem Wohnmobil, und der Mann kam ihr merkwürdig vertraut vor. Sie *wusste* tief in ihrem Inneren, dass sie ihm früher öfter begegnet war, aber sie konnte sich nicht erinnern. Als sie jedoch in der Therapie davon berichtete, war ihr das eigenartige Gefühl, das sich mit all dem verband, noch immer präsent – fast wie in einer Trance. Ehe sie sich getraut hatte, diesen Mann anzusprechen, war die Familie weitergereist.

Sie notierte diese Begebenheit ausführlich und kam im Verlauf der Therapie immer wieder darauf zu sprechen, dass da so ein merkwürdiges Gefühl sei, es habe etwas zu bedeuten.

Ein Jahr später ergab es sich, dass Frau H. wegen einer bis dahin unerkannten Krankheit ins Krankenhaus musste – und zwar während eines Besuchs in ihrer Heimatstadt. Wie sie mir einige Wochen später berichtete, geschah dort Folgendes: In ihrem Zimmer lag noch eine Frau wegen eines Problems, das dem ihren ähnlich war. Als deren Mann sie besuchte, hatte sie wieder dieses merkwürdige Gefühl, dass die Zeit stehen bleibt: Denn es war dieser Mann, der von ihr ein Jahr vorher im Urlaub gesehen wurde, und wieder kam er ihr so eigenartig vertraut vor. Seine Frau hatte sie damals wohl gar nicht richtig wahrgenommen und deshalb auch jetzt nicht wiedererkannt. Schließlich fanden sie heraus: Der Mann und sie waren zusammen im selben Kindergarten gewesen, gingen dann aber in verschiedene Schulen.

Als Frau H. ihrer Mutter von diesen merkwürdigen Zusammentreffen erzählte, konnte diese sich gut an diesen Jungen erinnern, der mit ihrer Tochter in den Kindergarten gegangen war. Ja, sie kannte sogar seine Mutter recht gut.

Die Bedeutung dieser Begebenheiten ist so komplex, dass ich nur einige Aspekte erwähnen kann. Es wurde aber deutlich, dass es in dieser Krankheit und ihrer Bewältigung um die körperlichen und seelischen Folgen eines Unfalls ging, der damals zur Kindergartenzeit geschehen war (jedoch ohne Beteiligung des Spielgefährten). Die körperliche und seelische Heilung konnte nun am Ort der Verletzung erfolgen, ein Kreis schloss sich, und die vielen weiteren synchronistischen Details gaben Frau H. trotz der Krankheit ein tiefes Gefühl von Geborgenheit. Frau H. brachte nach ihrer Entlassung aus dem Krankenhaus ihre Tagebuchnotizen von der Begegnung im Urlaub des Vorjahres und aus der Zeit davor mit in die Therapie. Erst im Nachhinein stellte sich dann heraus, dass Träume, die sie kurz vor dem Italien-Urlaub gehabt hatte, in das Thema hineinspielten: Sie war in diesen Träumen auf der Suche nach ihrem Kindergarten gewesen und konnte ihn nicht finden. Sie wusste aber im Traum, dass sie unbedingt noch diese Stadt in ihrer Heimatgegend erreichen musste. Schließlich erkannte sie an einer Kirche die Richtung, die sie gehen musste, und sah vor dem Kindergarten ihre frühere »Kindergartentante« in einer weißen Schürze mit Kindern spielen.

Das Zimmer, in dem sie schließlich mit der Frau des damaligen Jungen aus dem Kindergarten lag, befand sich direkt neben der Krankenhauskapelle!

Hier geht es also zunächst um einen »synchronistischen Bogen«, der sich über einen längeren Zeitraum erstreckt. Alle Aspekte zusammen wiederum verweisen auf ein existenzbedrohendes Ereignis aus der lange zurückliegenden Vergangenheit, nämlich der Kindergartenzeit. Symbolisch lässt sich aus der gesamten Situation neben diesem konkreten Aspekt der »Kindergarten« auch als »Garten der Kindheit« interpretieren. Frau H. befand sich tief in ihrer Seele auf der Suche nach dem Teil ihrer Kindheit, wo ihr körperliches und seelisches Wachstum nicht gestört war. Zum Wachsen in einem Garten gehören Fürsorge und Pflege. Frau H. war in dieser frühen Zeit durch den Unfall, der sie aus dem Garten der Kindheit vertrieben hatte, zutiefst in ihrem Vertrauen zu ihrer Mutter gestört. Die Suche nach der »Kindergartentante«, die sie im Traum dann tatsächlich in einer weißen Schürze in der Nähe einer Kirche findet, symbolisiert die Suche nach Erlösung und Neubeginn.

Weiß ist im christlichen Kontext die Farbe der Integrität, die bei allen Sakramenten getragen wird, und die Farbe von Heiligen, die kein Martyrium erlitten haben. Auch durch diese Farbe im Traum ist möglicherweise das Anknüpfen an die Zeit in der Kindheit symbolisiert, bevor das »Martyrium« des Unfalls und der jetzigen Krankheit begann.

Tatsächlich kümmerte sich die Mutter von Frau H. während der Zeit im Krankenhaus sehr intensiv um ihre Tochter, und beide hatten viel Zeit für klärende Gespräche, so dass auch hier eine Heilung und Versöhnung stattfinden konnte.

All das hatte sich ein Jahr zuvor in einem Traum angekündigt. Und einige Wochen später begegnete ihr in der Realität, mitten in Italien, ein Spielgefährte aus dieser »heilen« Lebensphase. Aber noch war die Zeit nicht reif: Mit der für synchronistische Begebenheiten so charakteristischen *Verzögerung* fügte sich ein Jahr später alles so zusammen, dass sowohl die Verletzung als auch die Heilung alle Beteiligten zusammenführte.

Tagebuchschreiben und Verantwortung: Von den Gefahren der Bauchnabelschau

Das oben geschilderte Beispiel zeigt, wie wichtig Tagebuchaufzeichnungen sein können. Details geraten weniger schnell in Vergessenheit, und es wird auf diese Weise eher möglich, das zeit- und raumumspannende Muster von Synchronizität zu erkennen.

Bei aller hilfreichen Detailfreudigkeit in solchen Aufzeichnungen ist aber auch hier wieder die Balance wichtig. Nach solchen Erlebnissen besteht oft die Gefahr, nun zwanghaft alles Erlebte zu notieren, womöglich noch lauernd auf die großen Offenbarungen durch die Fügungen des Schicksals. Dabei ist es manch einem gelegentlich wichtiger, alles aufzuschreiben, was er erlebt, als das Erleben selbst.

Es geht also erneut um den *verantwortlichen* Umgang, das Sich-Einlassen und die gleichzeitige Distanz, das genaue Wahrnehmen und gleichzeitige Relativieren.

Vor allem aber geht es auch um Humor, wenn man sich mit den synchronistischen Mustern über Raum und Zeit befasst. Ironische Distanz zu sich selbst zu bekommen schützt davor, sich selbst zu wichtig zu nehmen. Das mag paradox erscheinen. Ist nicht das Schreiben eines Tagebuches eine einzige Bauchnabelschau? Wo sonst nimmt man sich denn selbst so wichtig, wenn nicht beim Tagebuchschreiben? Und geht es nicht beim Verstehen synchronistischer Botschaften auch um Wichtiges für das eigene Leben?

Ja, das stimmt und stimmt doch wieder nicht. Das, was ich heute als weltbewegend wichtig erlebe, relativiert sich vielleicht bis hin zur Lächerlichkeit, wenn ich es mit zeitlichem Abstand noch einmal lese. Und wenn ich denke, ich hätte ein Thema längst bewältigt, kann es sein, dass mir eine synchronistische Begebenheit schonungslos vorführt: Ich muss noch einmal zurück an diesen Punkt, ihn bearbeiten und von dort aus neu starten. Dabei kann, wie ich in den vorangegangenen Kapiteln gezeigt habe, das nochmalige Lesen früherer Notizen helfen, genau diesen Punkt zu finden.

Auch Ira Progoff betont in seinem Buch über Synchronizität, dass das Führen eines Tagebuches dazu dienen könne, synchronistische Erlebnisse zu sammeln, die sonst ignoriert oder vergessen würden. Er berichtet von Tagebuch-Workshops, in denen die Teilnehmer ihre Erlebnisse austauschten. Seiner Beobachtung nach vergrößert die Intensität, die durch dieses gegenseitige und individuelle Feedback entsteht, sogar die Möglichkeit synchronistischer Ereignisse.

Falls Sie nun ermutigt sind, es mit dem Aufschreiben Ihrer Erlebnisse zu probieren, beginnen Sie doch einfach mit den Gedanken, die Ihnen beim Lesen dieses Kapitels durch den Kopf gehen. Wenn Sie im Lauf des weiteren Lesens Erinnerungen an eigene Erlebnisse haben, notieren Sie sie stichpunktartig. Anfangs können Sie auch einen breiten Rand lassen, um nachträgliche Ergänzungen vorzunehmen.

Ob und wie diese einen Sinn ergeben, zeigt sich ja oft erst sehr viel später. Wenn Bücher dabei eine Rolle spielen, notieren Sie sich die genauen Angaben, ebenso, wenn es sich um Zeitungsausschnitte handelt. Notieren Sie außerdem Ihr Gefühl, das Sie bei einem Erlebnis hatten, innere Bilder oder Erinnerungen. Machen Sie eventuell auch eine Skizze.

Und noch einmal: Bei aller Detailgenauigkeit versuchen Sie bitte, gelassen zu bleiben. Werden Sie nicht zwanghaft, halten Sie das Erlebnis nicht fest, lassen Sie dem, was geschehen ist, Zeit, sich zu entfalten. Gerade weil Sie es sorgfältig notieren, können Sie sich den Luxus leisten, es auch wieder loszulassen. Wenn Sie merken, dass Sie mit Ihrem Partner oder Ihren Freunden nur noch über Ihre unglaublich interessanten Erlebnisse und Synchronizität sprechen können, sind Sie garantiert auf dem falschen Weg!

6 Sind Träume Schäume?

Wie wir im vorhergehenden Kapitel sahen, können auch Träume in synchronistische Erlebnisse hineinspielen. Im Traum ist die Ordnung von Raum und Zeit, wie wir sie im Wachbewusstsein gewohnt sind, aufgehoben. Dinge können im Traum an mehreren Orten gleichzeitig geschehen, Personen sind gleichzeitig hier und dort, Verstorbene lebendig, Bewegungen sind in alle Richtungen möglich, eine Person kann gleichzeitig eine andere sein. Wenn Sie schon einmal Träume aufgeschrieben haben, werden Sie vielleicht feststellen müssen, dass es schwierig ist, sie sprachlich wirklich angemessen darzustellen.

Marie-Louise von Franz sagt zu diesem Phänomen: »Es ist, als würde man im Traum eher ein bildhaft dargestelltes *Bündel* von Ereignissen, die alle gleichzeitig wahrgenommen werden, erleben, während das bewusste Ich beim Erzählen dieser Traumereignisse sie später automatisch in eine Ordnung bringen würde, die wir als logische Zeitfolge auffassen ... es scheint, dass die bewusste Wahrnehmung der Zeit als gerichteter Fluss im Unbewussten merkwürdig relativ oder möglicherweise nicht existent ist.« (1988, S. 366)

Nicht nur in Träumen, sondern auch in mystischen Erlebnissen kann dieses Gefühl der Zeitlosigkeit und der Einheit aller Dinge und Wesen auftreten. Vergangenheit, Gegenwart und Zukunft existieren nicht mehr in dieser Welt des Unbewussten. Mit solch einem Traumerleben oder mystischen Erleben kann auch das Erlebnis einhergehen, zukünftige Geschehnisse vorherzusehen und diese Erfahrung in die bewusste Wahrnehmung aufzunehmen.

Aniela Jaffé berichtet in ihrem Buch über Geistererscheinungen und Vorzeichen von einer Fülle von Wahrträumen, die sich häufig auf zukünftige oder gleichzeitige Todesfälle beziehen. Für sie ist es »eine Tatsache, dass das Zukünftige nicht erst entsteht, sondern in irgendeiner Form schon ist ...«. (1995, S. 34)

Meiner Erfahrung nach können Träume auch Themen aus der Zukunft beinhalten, ohne dass zum Zeitpunkt des Traumes oder seiner Dokumentation dieser Zusammenhang schon erkennbar ist.

Ich erwähnte in der Einleitung dieses Buches, dass mir ein Traum meinen späteren Wohnort ankündigte. Häufig kann ich mich morgens an mehrere Träume in allen Einzelheiten erinnern und schreibe sie auf. Sie denken jetzt möglicherweise: »Ich kann mich nie oder nur manchmal an meine Träume erinnern, und außerdem habe ich gar keine Zeit, sie aufzuschreiben.« Wenn es Ihnen wirklich wichtig ist, werden Sie die Zeit finden! Am besten ist es, noch vor dem Aufstehen, wenn die Seele noch halb in Traumgefilden schwebt, Träume zu notieren. Nach einiger Zeit werden Sie erstaunt darüber sein, an wie viele Träume Sie sich erinnern können. Wenn die eigene Seele gewürdigt wird, indem man ihr wirklich Zeit gibt, bedankt sie sich meist mit einer Fülle von Einsichten! Über die Jahre hinweg entsteht so ein ausgedehntes »Traum-Archiv«, mit dessen Hilfe sich Ihre Träume auf ihren synchronistischen oder auch prognostischen Gehalt hin überprüfen lassen.

Ein Traum als anonymer Wegweiser

Zufällig (?) ergab es sich vor längerer Zeit, dass ich eine amerikanische Freundin nach ihrem Besuch zum Flughafen brachte und an demselben Tag auch den Notarstermin für den Kauf unseres Baugrundstückes vereinbarte. Ich hatte gerade noch Zeit, ihr das Grundstück zu zeigen, denn es war uns beiden wichtig, dass sie eine Vorstellung meiner künftigen Heimat haben würde. Wieder einmal konnte ich dadurch beide Themen Weltoffenheit und Bodenständigkeit gleichzeitig erleben. Mit ihr wortwörtlich den *Boden* unter meinen Füßen zu begehen, auf dem ich demnächst mein *Zuhause* haben sollte, und sie an den Flughafen zu bringen, von wo aus sie in die *Luft* abheben sollte für *ihren Weg nach Hause*, schien mir eine sehr eindrückliche Symbolik. Da wir uns nur alle paar Jahre sehen und ihr jetziger Besuch auch nur eine Stippvisite auf einer beruflichen Reise war, fand ich dieses Zusammenfallen beider Aspekte auf *einen* Tag sehr eigenartig.

Mittlerweile bin ich sehr vertraut damit, dass wichtige Themen sich Jahre vorher an einem bestimmten Datum ankündigen, um an genau diesem Datum später wieder aufzutreten. Deshalb suchte ich noch am selben Tag aufmerksam nach Ereignissen oder Träumen an diesem Datum in den zurückliegenden Jahren.

Ich fand dann in den Tagebüchern einen Traum, der auf den Tag genau 6 Jahre vorher stattgefunden hatte, kurz vor meinem letzten Treffen mit dieser Freundin. Ich war wie elektrisiert: Es schien, als beschreibe dieser Traum, an den ich keine bewusste Erinnerung mehr hatte, exakt die jetzige Situation und sogar den Ort, in dem wir leben würden. Und er fand auch im Umfeld einer Begegnung mit dieser Freundin statt. Der Traum lautete:

»Wir haben in ... (die Landschaft, in der wir jetzt leben) ein Grundstück gekauft. Dort sollen wir bauen. Eine karge Landschaft, nur wenige Häuser auf dem flachen Land nördlich. Aber eine Ferienanlage mit gleichförmig gebauten Bungalows für Holländer. Direkt hinter unserem Grundstück ist ein Abgrund im Gelände, und dahinter eine Tiefebene.«

Damals hatte ich im Traum noch Vorbehalte: In diese Gegend wollte ich damals nicht ziehen. Ich fühlte mich wohl in Süddeutschland. Die Zeit war auch längst nicht reif für eine Veränderung.

Der Ort, in dem wir jedoch mittlerweile wohnen, liegt genau am Übergang vom Mittelgebirge zur norddeutschen Tiefebene. Nicht nur das kennzeichnet den »Abgrund« oder Bruch im Gelände, sondern auch das nur wenige hundert Meter hinter unserem Haus beginnende frühere Moor. Das Gelände dort trägt in seinem Namen genau die Eigenschaft des Abgrunds und der Ortsname greift dies ebenfalls auf. In der Nähe befindet sich tatsächlich ein Haus mit Ferienwohnungen, in dem häufig Holländer Urlaub machen.

Während ich das vorliegende Kapitel entwarf, erzählte ich einer einheimischen Bekannten von diesem eindrucksvollen Traum. Sie fragte mich erstaunt: »Weißt du denn nicht, dass dort (nördlich von der Gegend, in der wir wohnen) eine Reihenhaussiedlung für Holländer ist, die früher dort stationiert waren?« Nein, das wusste ich bis jetzt nicht. »Gleichförmig gebaute Bungalows für Holländer« im Traum und »Reihenhäuser für Holländer« in der Realität! So stellte sich der damalige Traum, als ich mich nun mit vielen Jahren Abstand noch einmal intensiv mit ihm befasste, noch deutlicher als zukunftsweisend dar.

Zum Zeitpunkt des Traumes war keinerlei Hinweis in der Realität zu erkennen, dass wir jemals unseren damaligen Wohnort verlassen würden. Die ersten vagen Anzeichen traten erst einige Jahre später auf! Und doch zeigt der Traum den Weg so eindringlich, dass wir – auch in Kombination mit all den anderen synchronistischen Elementen – uns beim Grundstückskauf und Umzug sicher waren, am »richtigen Ort zur richtigen Zeit« zu sein. Dass ich diesen Traum direkt vor Unterzeichnung des Vertrages wiederfand, empfand ich als glückliche Fügung.

Auch hier vollzieht sich also wieder ein komplexes Muster von synchronistischen Abläufen, Zeitgleichheit, Datumsähnlichkeit, Themengleichheit, Ankündigung eines Themas im Traum. Der Sinn erschloss sich erst mit Verzögerung, aber gerade zu jenem Zeitpunkt, als er notwendig war: nämlich auf der Suche nach dem »richtigen Platz« in der Welt nun diese wichtige Entscheidung zu fällen. Auch hier hat die Verzögerung erneut den positiven Aspekt, der schon so oft zur Sprache kam. Auch eine »Synchronizität der Synchronizität« war wieder enthalten, und wie so oft in synchronistischen Begebenheiten ging es um das Thema Übergang. Der äußere Übergang zu einem neuen Lebensort spiegelt auch den Übergang im seelischen Entwicklungsprozess.

Kann man sich auf Träume verlassen?

Sicher hat nicht jeder Traum eine vorausschauende Eigenschaft, aber es ist möglicherweise lohnend, die Botschaften des Unbewussten zu registrieren und zu notieren, auch wenn sie anfangs keinen Sinn machen. Einige davon helfen Ihnen vielleicht viel später, Ihren Weg im Leben zu finden oder sich »zu Hause« zu fühlen auf dem von Ihnen bereits eingeschlagenen Weg.

Bei allen Problemen, Hemmnissen, Komplikationen, die einen auf einem neuen Lebensweg so oft zweifeln lassen, kann sich durch solche als synchronistisch erkannten Träume die ruhige Sicherheit einstellen, dass die Grundlagen stimmen und alles richtig ist, wie es ist. Aniela Jaffé berichtet, dass sogar Menschen, die ihren eigenen Tod vorausträumten, in innerem Frieden starben, wenn sie ihr Schicksal annehmen konnten. In diesem Annehmen liegt für sie sogar innere Freiheit.

C.G. Jung weist darauf hin, dass der Mensch die Möglichkeit und Verantwortung hat, aus den Bildern des Unbewussten, zu denen ja die Träume gehören, mehr Bewusstheit über sein Leben zu bekommen. »Wenn dies aber nicht geschieht, so geht der Individuationsprozess dennoch weiter, nur werden wir ihm zum Opfer fallen und vom Schicksal zu jenem unvermeidlichen Ziel geschleppt, das wir aufrechten Ganges hätten erreichen können, hätten wir nur zuzeiten Mühe und Geduld darauf verwendet, die numina des Schicksalsweges zu begreifen.«

Träume können nicht nur prophetisch sein, sondern auch hinweisen auf Ereignisse, die gleichzeitig an einem anderen Ort stattfinden. Besonders häufig hängen meiner Beobachtung nach solche Träume mit Geschehnissen zusammen, die einen geliebten oder ehemals geliebten Menschen betreffen. Oft geht es dabei um lebenswichtige Themen wie Geburt, Krankheit, Tod, Hochzeit oder Trennung.

Träume, nahestehende Menschen und Krankheit

Frau G. träumte eines Nachts von einem Besuch beim Hautarzt. Es ging um Hautkrebs, aber sie konnte sich nicht erinnern, ob es sie selbst betraf. Morgens bekam sie einen Brief von einer Freundin, die weit entfernt wohnte und von der sie mehr als ein halbes Jahr nichts gehört hatte. Diese Freundin schrieb, dass sie Hautkrebs habe und nun hoffe, die medizinische Behandlung wäre erfolgreich ... Während der Brief auf dem Weg zu ihr war, nahm das Unbewusste von Frau G. sein Thema auf. Auf welchem Wege so etwas geschehen kann, bleibt ein Rätsel, und alle Erklärungen (wie z.B. »Telepathie«) sind selbst wiederum erklärungsbedürftig.

Für beide Frauen war es auch völlig unerheblich, »wie« so etwas passiert. Sie spürten beide nach der langen Unterbrechung wieder Nähe zueinander, und trotz der traurigen Situation eine tiefe Geborgenheit und Sinn.

Dass Frau G. von Hautkrebs träumte, hatte aber nicht nur mit ihrer Freundin zu tun. Ein Aspekt dieses Traumes bezog sich auf ihr eigenes Leben: Ihr ging in letzter Zeit sehr viel »unter die Haut« und fraß innerlich an ihr. Ihre eigenen psychischen Abwehrkräfte waren nicht mehr sehr stark, und in den Gesprächen mit ihrer Freundin stellte sich heraus, dass es dieser seit längerer Zeit ähnlich erging. Sie hatte sich permanent überlastet gefühlt, eine »dünne Haut« bekommen und bereute nun, nicht schon früher mehr an sich gedacht zu haben. Insofern enthielt dieser Traum für Frau G. einen warnenden Aspekt, den sie aufgriff, indem sie ihre beruflichen Prioritäten veränderte und sich mehr Muße erlaubte. Gelegentlich kann Verantwortung eben auch bedeuten, *weniger* zu tun!

Eine Begebenheit, in der es ebenfalls um einen nahestehenden Menschen, nämlich seinen Bruder ging, berichtete Herr M. Das Erlebnis nahm seinen Anfang in einem Gespräch mit einer befreundeten Ärztin. Diese wäre gern Gynäkologin geworden, was wegen ihrer zu kleinen Hände jedoch nicht möglich sei. Man brauche für eine gute Untersuchung einfach größere Hände. Herr M. sah, während sie sprach, in Gedanken plötzlich die Hände seines Bruders vor sich. Als er ihn das letzte Mal sah, waren ihm dessen Hände sehr groß vorgekommen.

Er hatte das aber nicht angesprochen und für sich auch mit dem Argument abgetan, dass ein 35-jähriger Mann ja schließlich nicht mehr wachse. In der Nacht nach dem Gespräch mit der Ärztin träumte er davon, wie jemand ihm sagte, er selbst habe »große Hände«.

Am nächsten Tag rief sein Bruder an: Man hätte bei ihm einen Tumor an der Hirnanhangdrüse festgestellt, der einen Überschuss an Wachstumshormonen produziere. Auf die Problematik sei man erst aufmerksam geworden, weil seine Hände so groß geworden waren ...

Hier kündigt sich das Thema also synchronistisch zunächst im Gespräch und dann im Traum an, um dann in der Realität aufzutauchen. So war Herr M. innerlich eingestimmt für das Gespräch mit seinem Bruder und fühlte sich ihm auf einer tiefen Ebene verbunden.

Ein Traum schafft Ordnung

Auch in scheinbar banalen Angelegenheiten kann ein Traum ein Thema vorwegnehmen. So träumte Herr L. während eines Mittagsschlafs, er suche eine Videokassette, die einige Episoden aus dem Urlaub vor fünf Jahren zeigte. Im Traum konnte er die Kassette nicht finden, ärgerte sich über die Unordnung und fragte seine Frau, ob diese wüsste, wo sie sei. Nach einigem Hin und Her fand er sie schließlich.

Als Herr L. wenige Minuten nach dem Wachwerden in das Wohnzimmer kam, hatte seine Frau genau diese Videokassette in der Hand! Sie fragte ihn, aus welchem Jahr diese sei, denn sie ordne und beschrifte gerade alle Videos, damit man sie gut finden könne ...

Dass er ausgerechnet von dieser Kassette träumte, hatte damit zu tun, dass in seiner psychischen Entwicklung noch etwas aus dieser Lebensphase der *Vergangenheit* »in Ordnung zu bringen« war. Die kleine alltägliche synchronistische Begebenheit mit seiner Frau machte ihm aber bewusst, dass in der *Gegenwart* Hilfe bei diesem Ordnen und Sortieren zur Verfügung stand. Er brauchte nicht allein Ordnung zu schaffen, sondern konnte sich dabei auch auf die Hilfe seiner Frau verlassen. Solch ein »Zusammenfall« von Traumthema und gleichzeitigem Auftreten dieses Themas in der Realität kann für eine Partnerschaft Ausdruck einer tiefen Bindung sein.

Von einer starken Verbindung zeugt auch der folgende synchronistische Ablauf. Hier bereitet der Traum jedoch die notwendige Auflösung der inneren Verbindung vor.

Träume und Tränen

Frau T. befand sich mit ihrem Freund in einem Spanien-Urlaub. Das letzte Mal war sie dort vor vielen Jahren mit ihrem Exmann gewesen, und gelegentlich erinnerte sie sich an diese erste Reise. Zu ihrem Exmann hatte sie seit längerer Zeit keinen Kontakt mehr. Gegen Ende des Urlaubs träumte sie jede Nacht von ihm, und ein Traum vermittelte, dass er umzog. Eine Frauengestalt, die sie nicht kannte, kam dabei gleich in mehreren Träumen vor. In einem dieser Träume unterhielt sich Frau T. ruhig mit dem Exmann über die positiven Erlebnisse, die sie in den vielen Jahren ihrer Ehe gehabt hatten. Nach diesem Traum brach die Traumserie ab.

Frau T. schrieb alle diese Träume auf und brachte sie nach dem Urlaub mit in die Therapie. Sie vermutete, dass nun, da sie sich auf eine engere Bindung mit ihrem Freund einließ, noch einmal eine letzte innere Auseinandersetzung und Versöhnung mit ihrem Exmann notwendig wurde.

In der nächsten Woche berichtete sie, sie habe kurz vor dem Therapietermin beim Aufräumen alte Fotos aus der Ehezeit gefunden und dabei ganz plötzlich einen Weinkrampf bekommen. Dies verwunderte sie sehr, denn ihr Exmann sei doch gar nicht mehr so wichtig für sie.

Beim nächsten Termin klärte sich das Rätsel: Einen Tag nach diesem Vorfall hatte Frau T. nach längerer Zeit alte Freunde getroffen, die ebenfalls noch Kontakt zu ihrem Exmann hatten. Sie erzählten ihr, sie seien vor einigen Tagen auf der Hochzeit ihres Exmannes gewesen! – exakt an dem Tag, an dem die Traumserie aufhörte.

Nun machte das Ganze einen Sinn. Ihr Unbewusstes hatte genau die Thematik aufgegriffen, von der ihr Bewusstsein nicht ahnen konnte, wie aktuell sie war. Es schien, als hätten die Träume die frühere tiefe Verbindung, die auf der ersten Reise nach Spanien entstanden war, wiederbelebt. Sie tauchte gleichsam ein in das »Feld« ihres Exmannes und nahm gleichzeitig die neuen Informationen auf: Es gab dort irgendwo eine neue Frau, und ein Umzug stand an. Der letzte Traum würdigte schließlich die positiven Seiten, die trotz des Scheiterns der Beziehung ja ein wichtiger Teil der Lebensgeschichte von Frau T. waren, und bereitete sie auf das nun endlich notwendige Loslassen vor: Nur wer versöhnt ist, kann loslassen. Wer hasst, bleibt verstrickt.

Auch hier also wieder das Thema Übergang, Verknüpfen verschiedener Lebensphasen, Einbeziehung mehrerer Personen oder Mittler, auch hier das Thema Verzögerung. Auch hier das Zurückgehen in die Vergangenheit, das Berühren vergangenen Schmerzes, das nun ermöglichte, sich von der Vergangenheit zu verabschieden und offen für die Gegenwart und die neue Beziehung zu sein.

Für Frau T. war es hilfreich, darüber in der Therapie sprechen zu können. Wenn *Sie* in einer ähnlichen Lebenssituation sind und Ihnen kein Therapeut zur Verfügung steht, überlegen Sie gut, wem Sie sich anvertrauen wollen. Im Zweifelsfall bleiben Sie beim Tagebuch.

Synchronistische Erlebnisse wie dieses Traumerlebnis können nur dann gedeihen, wenn sie einen Freiraum ohne innere und äußere Zensur haben. Vorschnelle Urteile schneiden das Verstehen eines möglichen Sinns ab oder führen oft sogar zu einem völlig falschen Verständnis.

Aus meiner Sicht ist es auch ein Fehler, von solchen Träumen nun ausgerechnet dem neuen Partner zu erzählen. Die Wahrscheinlichkeit ist groß, dass er sich von ihnen bedroht fühlt und sie missversteht. Gelegentlich kann also Verschweigen von Informationen bewusste Übernahme von Verantwortung bedeuten.

Träume können aber nicht nur in synchronistischer Weise wirken, indem sie sich auf konkrete Lebenssituationen beziehen, sondern auch archetypische Symbole aufgreifen, die sich auf den Entwicklungsprozess allgemein beziehen. Beispiele hierfür finden Sie im Kapitel 9 über »Synchronizität der Synchronizität«.

7 Negative Synchronizität: Wenn Herzen und Dinge brechen

Die bisher geschilderten Beispiele zeigen, wie Synchronizität in positiver Weise wirkt und hilft, sich in den Fluss des Lebens dankbar einzufügen.

Aber es gibt Synchronizität auch in einer negativen Form, in der beispielsweise Dinge zerbrechen, gestohlen werden oder ein Unglück geschieht.

Synchronizität in dieser zerstörerischen, unangenehmen oder unheimlichen Form tritt insbesondere dann auf, wenn wir uns Notwendigkeiten nicht stellen wollen, wenn wir in Dis-Harmonie leben, wenn eine Veränderung ansteht, wir aber in unserer eigenen Entwicklung noch nicht fähig oder bereit sind, dafür die Verantwortung zu übernehmen. In der folgenden Begebenheit bestand anfangs darin das Problem.

Wasserrohre und Seelen unter Spannung

Im Hause von Familie B. traten innerhalb eines Jahres mehrere Wasserrohrbrüche auf, und zwar jeweils im Hausflur. Immer wieder musste die Wand aufgestemmt werden, und technisch schien jedes Mal der Schaden behoben. Frau B. träumte in dieser Zeit häufig von einer Schlange, die das Wasserrohr verstopft.

Die Ehe, in der sie schon lange nicht mehr glücklich war, wurde aus der Sicht von Frau B. nach der Pensionierung ihres Mannes immer unerträglicher. Die Kinder waren erwachsen und aus dem Haus. Frau B. hatte hauptsächlich für die Familie gelebt und wollte endlich die neuen Freiräume genießen. Ihr Mann aber konnte mit der gewonnenen Zeit nichts anfangen und klammerte sich an seine Frau, was bei ihr Fluchtimpulse auslöste. Aber nach fast 30 Jahren Ehe schien eine Trennung unmöglich. Nach einiger Zeit kam es aber Frau B. so vor, als ob die häufigen Wasserrohrbrüche und ihre Träume in Zusammenhang mit ihrer inneren Anspannung stehen könnten. In einem langen inneren Kampf, in dem heftige Schuldgefühle und Aggressionen sich abwechselten, entschloss sie sich schließlich, von ihrem Mann getrennt zu leben und das Haus zu verlassen. Sie hat weiterhin regelmäßigen Kontakt zu ihm, aber sie teilen den Alltag nicht mehr miteinander. Der Mann blieb im Haus, und auch Familienfeste mit den Kindern finden weiterhin dort statt. Die Wasserrohrbrüche haben aufgehört.

Erst im Nachhinein, als sie von Synchronizität gehört hatte, befasste sich Frau B. näher mit den Zusammenhängen. Zunächst war da die Schlange in ihrem Traum. Die Schlange ist ein äußerst komplexes Symbol mit vielen Gesichtern. Als ein Tier, das tötet, symbolisiert sie Tod und Vernichtung. Als ein Tier, das sich häutet, symbolisiert sie Erneuerung und Leben. Sie bedeutet auch Instinkt-Natur, potentielle Energie, ungestüme Lebenskraft.

All dieses wird in Frau B.s Traum blockiert, das Fließen der Lebensenergie ist behindert, die Leitung verstopft. Im Traum steht das äußere Wasserrohr für die inneren Energiekanäle, in denen sich ungeheurer Druck aufbaut. Auf der realen Ebene standen die Wasserrohre im Flur unter Druck und rissen. Das

Wasser konnte nur um den Preis der Zerstörung wieder fließen ... und der Preis, den Frau B. für das Fließen der eigenen Lebensenergie bezahlen musste, war die Zerstörung der Ehe. Trotzdem fühlte sie sich in der Richtigkeit ihres Entschlusses bestätigt durch die Tatsache, dass die Wasserrohrbrüche seit ihrem Auszug aufhörten.

So wie Wasser Überschwemmungen verursacht, können auch Gefühle die Seele überschwemmen, wenn sie zu lange angestaut sind. Im bereits mehrfach erwähnten I Ging wird im Zeichen »Das Abgründige, das Wasser« das Wasser so charakterisiert: » ... das Wasser, das von oben kommt und auf der Erde in Bewegung ist in Flüssen und Strömen und das alles Leben auf Erden veranlasst. Auf den Menschen übertragen stellt es das Herz, die Seele dar, die im Leib eingeschlossen ist, das Lichte, das im Dunkeln enthalten ist, die Vernunft ... Der Name des Zeichens ... hat den Zusatz: ›Wiederholung der Gefahr‹« (Richard Wilhelm). Weiterhin wird hier ein Zustand charakterisiert, »in dem man sich befindet wie das Wasser in einer Schlucht und aus der man herauskommt wie das Wasser, wenn man sich richtig verhält«.

Erst wenn wieder Bewegung in die Gefühle kommt, wenn man nicht mehr festhält und aufstaut, ist man nicht mehr eingesperrt in der »Schlucht« seiner negativen Gefühle. Erst dann kann wieder ein organisches Fließen erfolgen. Weiter das I Ging: »Das Wasser gibt das rechte Verhalten in solchen Zuständen. Es fließt immer weiter und füllt alle Stellen, durch die es fließt, eben nur aus, es scheut vor keiner gefährlichen Stelle, vor keinem Sturz zurück und verliert durch nichts seine wesentliche eigene Art. Es bleibt sich in allen Verhältnissen selber treu. So bewirkt die Wahrhaftigkeit in schwierigen Verhältnissen, dass man innerlich im Herzen die Lage durchdringt. Und wenn man einer Situation ganz Herr geworden ist, so wird es ganz von selbst gelingen, dass die äußeren Handlungen von Erfolg begleitet sind.«

Nachdem Frau B. sich innerlich treu geblieben war und sich der Gefahr stellte, konnten sich die Veränderungen auf der äußeren Ebene einstellen. Die Trennung führte nicht zur Zerstörung, sondern es gelang, die positiven Seiten für die ganze Familie aufrechtzuerhalten.

Dass die Wasserrohrbrüche ausgerechnet im Flur auftraten, scheint mir ebenfalls bedeutsam. Der Flur ist zum einen die Ader des Hauses, so wie das Wasserrohr eine Art Versorgungsleitung. Zum anderen ist der Flur ein Ort des Übergangs. Von draußen kommt man über den Flur ins Haus nach innen, und über den Flur verlässt man das Haus. Dieser doppelte Aspekt ist auch in der Synchronizität enthalten: Synchronizität beinhaltet innen und außen und Übergänge, wie wir nun mehrfach gesehen haben. Und um das Thema »das Haus verlassen« ging es ja wortwörtlich bei Frau B.

Hier sei daran erinnert, dass Hermes, der Trickster, der Götterbote, der Gott der Schwellen und Übergänge ist! Er ist der *Propylaios*, (der »vor dem Tor Stehende«) oder der *Pylaios* (der »am Eingang Stehende«) oder auch *Stropheus* (»die Türangel«). (K. Kerényi, 1942)

Mir scheint, dass das Thema Wasserrohrbruch bzw. Überschwemmung bei synchronistischen Erlebnissen durchaus häufiger im Zusammenhang mit Aggressionen und Beziehungskonflikten steht. Das sind bisher aber sporadische eigene Beobachtungen, die ich in der Literatur bislang nur im Hinblick auf Träume belegt fand.

Marmor, Stein und Eisen bricht –
Von Liebe und anderen Aggressionen

Im folgenden Beispiel spielt ebenfalls ein Wasserrohrbruch eine Rolle – diesmal eingebettet in eine Fülle von »Brüchen«.

Herr W. befand sich während der Therapie in einer Phase, in der er heftig mit Gefühlen bezüglich seiner Eltern kämpfte. Er fühlte sich von ihnen unter Druck gesetzt, weil er glaubte, sie akzeptierten seinen Lebensstil nicht. Immer wieder geriet er in heftige Gefühlswallungen, wenn er die Eltern sah. In dieser verwirrenden Phase, die sich mehr oder weniger intensiv über ein ganzes Jahr hinzog, fanden sich in seinen Träumen häufig Bilder von Überschwemmungen. Während der Besuche der Eltern geschahen in diesem Jahr merkwürdige Dinge: An einem Wochenende wurde aus der Garage das Fahrrad von Herrn W. gestohlen, während er mit seiner Familie und den Eltern hinter dem Haus im Garten war. Bei einem anderen Besuch seiner Eltern wurde in das Haus eingebrochen, während er mit ihnen und seiner Familie nur für einige Stunden im Zoo war. Einige Monate später, während eines mehrtägigen Besuches seiner Eltern, brach das Wasserrohr an der Wand seines Arbeitszimmers, in das er sich gern zurückzog.

Die Eltern äußerten als erste, dass es ja wohl »wie verhext« sei, wenn so häufig bei ihren Besuchen etwas passiere. In der Therapie konnten wir schließlich den möglichen Zusammenhängen nachspüren.

Herr W. war immer auf der Hut seinen Eltern gegenüber und witterte überall Bevormundung, wo sie es vielleicht einfach gut mit ihm meinten. Durch den Fahrraddiebstahl war Herr W. nun in seiner Bewegungsfreiheit genauso eingeengt wie durch seine »engstirnige« Sichtweise seinen Eltern gegenüber. Wer so sehr mit negativen Gefühlen beschäftigt ist, ist nicht wirklich frei, seinen eigenen Weg zu gehen. Merkwürdig war, dass von den vier Fahrrädern in der Garage nur *seines* gestohlen wurde.

Eine ähnliche Symbolik schien auch für den Einbruch in das Haus gegeben. Herr W. spürte oft Aggressionen gegen seine Eltern, und hier waren Aggressionen von außen in sein Haus eingedrungen und hatten das schützende Schloss aufgebrochen. Lediglich eine Dose mit Kleingeld aus Herrn W.s Arbeitszimmer wurde gestohlen. Alle anderen Wertgegenstände blieben unangetastet. Das berührte Herrn W. merkwürdig – es schien fast so, als sei bei diesem Einbruch er »gemeint« gewesen. Warum aber hatte man ausgerechnet Münzgeld aus seinem Arbeitszimmer entwendet, warum keine Schecks, keine anderen Wertgegenstände?

Natürlich gibt es auf dieses »Warum« keine Antwort, aber wir können die Symbolik genauer anschauen, die Geld und insbesondere Münzen in sich tragen. »Mit gleicher Münze wechseln«, »es jemandem heimzahlen«, »Gleiches mit Gleichem vergelten« sind vertraute umgangssprachliche Redewendungen. Sie alle haben etwas mit negativen Gefühlen zu tun, mit Rache und »Vergeltung«. Vergeltung, Gelten, Geld sind etymologisch verwandt, und »gelten« kann auch bedeuten »für etwas büßen«.

Büßt hier Herr W. dafür, dass er seinen Eltern keine Geltung schenkt, indem ihm Geld gestohlen wird? Geld ist ja selbst ein Symbol, es trägt einen symbolischen Wert. Und es trägt in fast allen Kulturen die Prägung von Würdenträgern, elterlichen Figuren wie König, Königin, Staatsmann.

All diese Deutungen sind als vorsichtiges Herantasten zu verstehen, sind keine Behauptungen, sind ein »Als-ob«, sind nicht »objektiv«. Wichtig ist, ob beim Betroffenen etwas »anklingt«, ob es intuitiv einen Sinn macht, und das war bei Herrn W. der Fall. Wie beim Deuten eines Traumes kann es hilfreich sein, einfach »zu spinnen«, das heißt ein Wort auszuspinnen, eine Faden weiterzuspinnen, nach Redewendungen zu suchen, in denen Begriffe aus synchronistischen Erlebnissen auftauchen. Der Wasserrohrbruch war dann übrigens das letzte Ereignis in der Reihe von »Brüchen«.

Davor war es Herrn W. über längere Zeit trotz intensiver Therapie nicht gelungen, sich innerlich mit seinen Eltern zu versöhnen. Den positiven Aspekt von Aggressionen konnte er lange nicht sehen: »aggreddi« heißt ursprünglich »herangehen«. Er hatte Sehnsucht nach Nähe zu seinen Eltern, war jedoch verstrickt in den negativen Aspekt des »Herangehens«. Erst die Reihe von synchronistischen zerstörerischen Erlebnissen brachte ihn zu einem verantwortlichen Umgang mit seinen Gefühlen den Eltern gegenüber. Nach dem Wasserrohrbruch erfolgte schließlich auch ein »Durchbruch« in der Therapie.

Die »verhexten« Zufälle bei Besuchen der Eltern hörten auf.

Am Anfang erwähnte ich, dass in den Träumen von Herrn W. häufig Überschwemmungen vorkamen. Das Symbol des Wassers in Träumen ist ein sehr elementares, das häufig zu Beginn einer Therapie auftaucht, wenn vieles in der Seele »in Bewegung« gerät. Karin Anderten sagt hierzu in ihrem Buch *Traumbild Wasser*: »Nach meiner bisherigen Erfahrung findet unsere seelische Ursprünglichkeit im Bild des Wassers am häufigsten ihren symbolischen, bildhaften Ausdruck. Wenn die Verbindung zum originalen Erleben hergestellt ist, verschwinden die Wasserträume oft ganz.« (S. 84) Ähnlich geschah es ja schließlich auch in beiden synchronistischen Erlebnissen von Frau B. und Herrn W.

Eine andere Version des Zerbrechens, Unterbrechens, Abbrechens, die schließlich eine Klärung herbeiführte, findet sich im folgenden Beispiel.

Ein Seitensprung bekommt Sprünge

Herr D., der seit 9 Jahren verheiratet war, hatte seit etlichen Jahren eine Geliebte. Zunehmend wurde es ihm schwerer, diese Beziehung geheim zu halten. Zum einen hatte seine Frau Verdacht geschöpft, zum anderen war es immer schwieriger geworden, dieses Doppelleben zu führen. Er und seine ebenfalls verheiratete Freundin trafen sich meist in weit entfernten Orten, zu denen sie lange Autofahrten in Kauf nehmen mussten.

In der Therapie sprach er darüber, wie sehr ihn sowohl seine Ehe als auch die Beziehung zu seiner Freundin anstrenge, aber er konnte sich nicht zu einer Entscheidung durchringen. Seine Eltern waren geschieden, und er wollte seinem Sohn nicht das gleiche Schicksal zumuten. Andererseits schien ihm sein Leben ohne Heimlichkeiten wenig anregend.

Nach einiger Zeit häuften sich nun die Merkwürdigkeiten um die so kompliziert arrangierten Treffen mit seiner Freundin herum: Zunächst gab es dauernd Probleme mit dem Auto. Entweder es sprang nicht an, oder der Keilriemen riss auf der Fahrt dorthin, oder das Getriebe gab seltsame Geräusche von sich. In dieser Zeit rief ihn seine Freundin kurz vor einem Treffen an und sagte es ab, weil ihr Mann, der selten berufliche Termine auswärts hatte, sich ausgerechnet zur gleichen Zeit in diesem Ort aufhalten würde. Kurz vor einem anderen Treffen in einem weiter entfernten Ort sah Herr D. während der Parkplatzsuche plötzlich eine Verwandte seiner Frau auf dem Gehweg. Er hoffte, sie habe ihn nicht gesehen.

Herr D. wollte all diese Beobachtungen zunächst als reinen Zufall abtun, aber sie waren ihm unheimlich. Als ihn jedoch schließlich ein Stromausfall in der Wohnung kurz vor einem erneuten Treffen festhielt und er das Treffen verpasste, nahm er die Botschaft zur Kenntnis: Alles deutete auf Beendigung dieses Verhältnisses hin. Er genierte sich fast, als er mir davon berichtete, denn eigentlich sei er ja nicht abergläubisch. Als ich ihm jedoch das Konzept der Synchronizität erklärte, schienen ihm seine Erlebnisse plötzlich eine Art innerer Logik zu haben. Auch seine Freundin wurde nachdenklich, und beide konnten nun entscheiden, die Beziehung zu beenden und sich wieder für ihre jeweilige Ehe zu engagieren. Die Serie von Autopannen hörte mit der Entscheidung schlagartig auf.

Volkstümliche Bezeichnungen für außereheliche Beziehungen sind sehr aufschlussreich für die hier beschriebenen synchronistischen Erlebnisse. Das Wort »Ehebruch« zeigt sehr drastisch an, dass hier etwas ge-brochen wird, nämlich ein Versprechen. Es wird etwas zer-brochen, nämlich das Vertrauen und die Stabilität der Ehe. Es besteht auch die große Gefahr, dass bei einem Ehe-Bruch mehrere »Herzen brechen«. Aber nicht nur die eigene Ehe wird hier ge-brochen, sondern beide Partner brechen auch jeweils in die Ehe des anderen ein. Ist es da noch überraschend, wenn am Auto einiges »zu Bruch« geht? Die Spannung ist zum Zerreißen, und in diese Symbolik fügt sich das Zerreißen des Keilriemens spiegelbildlich ein.

Oder nehmen wir den Begriff »Seitensprung«. Auch in diesem Begriff ist die Dynamik des Bewegens, des heftigen Verlassens des Hauptweges. Wo gesprungen wird, kann leicht etwas Sprünge bekommen. Oh ja, Synchronizität hat gelegentlich einen galligen Humor!

Walter F. Otto ist der Ansicht, dass Sprache und Mythos ein und dasselbe sind, dass Sprache in erster Linie Erkenntnis und Erleuchtung ist. »Die Sprache *ist* das Wesen und das Herz der Welt.« (S. 281) Hier deutet sich etwas an, das gelegentlich in der »Symbolauswahl« in synchronistischen Begebenheiten durchscheint. Dieser Aspekt von Sprache, Mythos, Symbol ist jedoch so speziell, dass ich ihn hier nicht weiter ausführen kann.

Deutlich ist aber bei der »Symbolauswahl« in sinnvollen Zufällen: Die Synchronizität geht mit der Zeit und benutzt nicht nur archetypische Symbole, sondern auch diejenigen, die für eine bestimmte Zeit-Epoche und das Lebensgefühl der Menschen in dieser Zeit bedeutsam sind. Am Beispiel von Fax und Telefon kam dieser Aspekt schon einmal zur Sprache. Eine interessante Sammlung von Zufällen, in denen oft »moderne Symbole« auftauchen, finden Sie beispielsweise auch im *Roten Notizbuch* des Schriftstellers Paul Auster. Auch in Träumen tauchen diese Symbole auf, und in Träumen moderner Menschen ist dies häufig das Auto – als Symbol für innere Hemmnisse oder inneren Fortschritt, fehlenden Antrieb oder zu hohes Lebenstempo.

Was Verena Kast über das »Traumbild Auto« sagt, gilt meiner Beobachtung nach ebenso für synchronistische Erlebnisse, in denen das Auto eine Rolle spielt: »So wie das Auto ein alltägliches Fortbewegungsmittel ist, bringen Träume um das Thema des Autos oft Anregungen für wesentliche Klärungen im Alltag. Es sind Botschaften für den Alltag, meist auf die aktuelle Lebenssituation bezogen ... Dennoch – trotz aller Alltäglichkeit – scheint mir mit dem Auto doch auch das Geheimnis von einem Ding, das sich aus sich selbst heraus bewegt, verbunden zu sein, und damit steht es – jenseits aller Technik – im Zusammenhang mit unserem Staunen darüber, dass Leben sich immer auch aus sich selbst heraus bewegen kann, sich entwickeln kann.« (S. 8)

Auch Störungen und Hemmnisse können zur Entwicklung beitragen, und im oben geschilderten Beispiel werden Herr D. und seine Freundin durch diese Störungen zu einer wichtigen Entscheidung geführt, die die »Ordnung« wiederherstellt.

Auch im Taoismus und I Ging geht es ja immer wieder um das Sich-Einfügen in die Harmonie des Kosmos, in die Ordnung der Naturkräfte, in die Ordnung der Gesellschaft.

Damit ist kein kleinkarierter Moralismus gemeint. Negative Synchronizität fordert uns auf, über unser Tun nachzudenken und Verantwortung für unser Handeln zu übernehmen. Wenn wir diese Verantwortung übernehmen, hören die negativen Ereignisse meiner Beobachtung nach auf.

Im übrigen bin ich davon überzeugt, dass die meisten sogenannten Spukerlebnisse der Kategorie negativer Synchronizität zuzuordnen sind. In solchen Fällen lohnt es sich meist, *in* die »Abgründe der Seele« der Beteiligten zu schauen und nicht nach Geistern *außerhalb* zu suchen. Fast immer sprechen die beteiligten Gegenstände und die Abläufe eine symbolische Sprache, die entschlüsselt werden kann.

Lautstarke Spannungen in der Luft: Wenn heftige Gefühle in der Seele spuken

Herr U. musste längere Zeit sein Büro mit einem Kollegen teilen, den er äußerst unangenehm fand. Zwischen beiden bestand große Spannung. Herr U. war trotzdem um Höflichkeit bemüht, die dieser Kollege aber nicht zu schätzen wusste. Eines Abends verließ Herr U. das Büro, nachdem der Kollege schon gegangen war. Er schloss die Tür ab und freute sich, endlich den Dunstkreis dieses anstrengenden Menschen zu verlassen. Plötzlich hörte er hinter der Tür einen Lärm, so als falle der Putz von der Wand, als rieselten Steine herab. Herr U. schloss die Tür auf – es war nichts zu sehen! Er selbst brachte diesen Lärm augenblicklich in Verbindung mit der enormen Spannung, die sich zwischen ihm und seinem Kollegen aufgebaut hatte.

Etwas Ähnliches erlebte Frau L. in einer Lebensphase, in der große Spannungen zwischen ihr und ihren Eltern bestanden. Sie führte gerade laute, wütende Selbstgespräche in ihrer Wohnung, als sie plötzlich einen ohrenbetäubenden Knall in dem Raum hörte, in dem sie sich befand. Sie war allein in der Wohnung, und auch sie dachte intuitiv an einen Zusammenhang zwischen ihrer Wut und diesem Knall.

Diese beiden Beispiele erinnern an ein Vorkommnis zwischen Carl Gustav Jung und Sigmund Freud, die anfangs enge Freunde waren, aber zunehmend Differenzen bekamen. Insbesondere war Freud das Interesse Jungs am Okkultismus höchst verdächtig. Als er ihn vor diesem »Schmutz« warnte, spürte Jung eine glühendheiße Empfindung in seinem Körper, und im selben Moment hörten beide aus der Richtung des Bücherregals einen lauten Krach. Jung brachte das mit den Spannungen zwischen ihnen in Verbindung, was Freud als »Quatsch« abtat. Jung prophezeite einen zweiten Knall, der prompt auch eintrat.

Vielleicht kommen Ihnen diese geschilderten Begebenheiten unglaubwürdig vor, vielleicht haben Sie aber auch selbst schon Ähnliches erlebt, und es war Ihnen unheimlich.

Dass solche Phänomene existieren, ist zumindest in der parapsychologischen Forschung unumstritten. Die Frage, wie sie zu *erklären* sind, lässt sich aber auch mit deren naturwissenschaftlich orientierten Methoden bis heute nicht beantworten. Bei Walter von Lucadou (1996) finden Sie einen guten Überblick über den aktuellen Stand der parapsychologischen Forschung.

Vom Denkmodell der Synchronizität her können wir die folgenden Interpretationen wagen – aber immer auch mit dem Vorbehalt, dass sie nur vorläufige Möglichkeiten darstellen. Wie wichtig diese Vorsicht ist, führe ich in Kapitel 10 weiter aus.

»Gleich knallt's« ist eine häufig vorkommende Drohung im Streit, »ich knall dir gleich eine«, sagen Kinder untereinander. Ein Streit wird wegen der ohrenbetäubenden Lautstärke solcher Unterhaltungen auch gern »Krach« genannt.

Der Knall oder Krach in den geschilderten Beispielen erscheint wie ein symbolischer Ausdruck der nicht ausgelebten, aber doch vorhandenen heftigen und »innerlich lauten« Gefühle. Statt dass Aggressionen wirklich formuliert werden können, statt dass man versucht, Differenzen in einem gütlichen Gespräch zu klären, stauen sich Spannungen unter der Oberfläche an. Es ist fast so, als ob der synchronistische Knall das auslebt, was die Beteiligten aus verschiedenen Gründen nicht selbst erledigen können.

Ich halte es durchaus für möglich, dass in den hier geschilderten Fällen die Aggressionen so heftig und potentiell zerstörerisch waren, dass die Beteiligten sie eher aus Schutz dem »Gegner« gegenüber eingrenzten. Insofern ist eventuell auch diese »negative Synchronizität« des unangenehmen und unheimlichen Knalls positiv zu werten: Es kommt zu einer »Explosion«, aber es geschieht kein wirklicher Schaden. Die Luft ist endlich raus, und wenn die Beteiligten die Botschaft wahrnehmen, ist wieder Platz für die Verantwortung im Umgang mit der eigenen Aggression.

Wenn man in dieser Form mit merkwürdigen Begebenheiten umgeht, verlieren sie auch den Hauch des Bedrohlichen und Unheimlichen: »Geister«, die man benennen kann, verlieren ihre Macht. Schon Rumpelstilzchen wusste darum ... Hätte ich selbst nicht darum gewusst, wäre mir das folgende Erlebnis sehr unheimlich gewesen.

Von zementierter Trauer und zerbrechendem Marmor

Es geschah an einem dunklen Winternachmittag vor vielen Jahren, kurz nach der Trennung von meinem Jugendfreund, und mir zerriss schier das Herz, wenn ich an ihn dachte. In so jungen Jahren kann man sich nicht vorstellen, je wieder glücklich zu sein, das Leben scheint zu Ende. In dieser Situation können Gefühle ungefiltert von Lebenserfahrung und Vernunft eine zerstörerische Heftigkeit sowohl in Aggressionen als auch in der Verzweiflung annehmen.

Plötzlich wurde ich aufgeschreckt von einem lauten Rumpeln: Aus dem Bücherregal am Fußende meines Sofas war ohne sichtbare äußere Einwirkung eine marmorne Bücherstütze herausgefallen und auf dem Fußboden auseinander gebrochen. Diese Bücherstütze hatte mir mein Freund geschenkt. Sie gefiel mir zwar nicht, weil sie so klobig war, aber ich hatte sie nie wegwerfen können.

Nach dem ersten Schreck wurde ich nachdenklich. Ich spürte, dass da ein Zusammenhang bestand zwischen meinen eigenen Gefühlen und dem Zerbrechen jenes Gegenstandes. Aber warum ausgerechnet diese Buchstütze?

Zwar wusste ich noch nichts von Synchronizität, aber ich spürte: Es ging darum, endlich die Trennung zu akzeptieren, endlich auch meine Trauer und meinen Groll loszulassen, aus meiner eigenen Versteinerung heraus wieder in Bewegung zu geraten.

Auch hier zeigte sich die Symbolsprache wieder erstaunlich exakt: Ein Problem zwischen meinem Jugendfreund und mir war gewesen, dass er immer vorschützte, er müsse für seine Ausbildung lernen, wenn ich Probleme mit ihm besprechen wollte. Lehrbücher schienen immer wichtiger als meine Gefühle, und oft empfand ich seine Bücher als Konkurrenz. Dieser Freund war etliche Jahre älter, und ich fühlte mich häufig bevormundet. Ich las sehr viel, aber er kritisierte meinen Geschmack. Die gediegene Buchstütze aus Marmor war ein Symbol dafür, dass er sich wünschte, ich solle gediegenere Literatur lesen.

Ich hatte mich so sehr angepasst, dass ich sogar nach der Trennung diese ungeliebte Buchstütze bei meinen Büchern ließ und ihr erlaubte, weiterhin meine Bücher in einer starren Ordnung zu halten. Andererseits war ich noch gefangen in meinen eigenen heftigen Gefühlen von Wut und Verzweiflung, und die zerbrechende Buchstütze signalisierte, wie zerstörerisch diese Gefühle waren. Wie so viele, die leiden, hatte ich es mir in meinem Elend außerdem häuslich eingerichtet und genoss die tragische Rolle, die das Schicksal mir zugedacht hatte. »Rumpelstilzchen« zeigte mir nun heftig, aber letztlich wirksam, dass es Abschied zu nehmen galt. Es war Zeit, *meine eigenen Bücher in ihrer eigenen Ordnung* im Regal zu haben.

Aufbrüche und Einbrüche

Im eigenen Erleben wie in verschiedenen Therapien fiel mir auf, dass Einbrüche und Diebstähle in besonders kritischen Lebensphasen oder bei Krisen in wichtigen Gefühlsbeziehungen geschehen können. Ich stelle hier nicht die Behauptung auf, es bestehe ganz unzweideutig ein Zusammenhang; sondern ich formuliere lediglich mit aller Vorsicht, es könne gelegentlich sinnvolle Zusammenhänge geben, wenn einem etwas gestohlen wird und wenn in das eigene Haus oder Auto eingebrochen wird. In dem Beispiel von Herrn W. (Seite 131ff.) ging es um die Beziehung zu seinen Eltern und um notwendige Veränderungen, einen anstehenden inneren

»Aufbruch«. Im folgenden Beispiel handelt es sich um eine belastete Ehebeziehung und um notwendige Veränderungen, Veränderungen, die die Not wenden.

Herr und Frau C. waren seit mehreren Monaten bei mir in Paartherapie, weil sie wiederholt in unkontrollierte Streitigkeiten gerieten. Immer wieder ging es dabei um die Eifersucht von Frau C., die seit längerem vermutete, ihr Mann sei in eine andere Frau verliebt. Er leugnete dies, aber der Verdacht konnte auch in der Therapie nicht geklärt werden. Sehr viel Streit gab es auch wegen des 16-jährigen Sohnes, dem der Vater mehr Freiheiten ließ, als die Mutter gut fand. Sie war der Meinung, er sei recht verantwortungslos, während der Vater davon ausging, ein richtiger Junge müsse auch mal über die Stränge schlagen. Mittlerweile war zwischen dem Paar eine tiefe Entfremdung eingetreten, die sich auch durch die Therapiegespräche nicht verbessern ließ. Beide dachten inzwischen ernsthaft an Trennung.

Familie C. wohnte im eigenen Haus in einer ländlichen Gegend in Süddeutschland. Und in der sonst so sicheren Umgebung wurde genau in dieser spannungsgeladenen Phase nachts in ihrem Haus eingebrochen. Sie erwachten von einem Geräusch und konnten gerade noch sehen, wie mehrere Männer aus der offenen Kellertür in den Garten verschwanden. Diese hatten etliches aus dem ganzen Haus zusammengetragen und zum Abtransport vorbereitet, das sie jetzt stehen ließen. Herrn C. fiel vor allem auf, dass sie seine Aktentasche bereitgestellt hatten, nicht aber die Handtasche seiner Frau. Die ganze Familie war durch diesen Einbruch erschüttert, und auch der Sohn, der sich sonst als schon erwachsen betrachtete, hatte nun nachts Angst. Im Folgenden rückten nun alle Beteiligten wieder enger zusammen, und auch die Therapiegespräche gerieten in Bewegung.

Herr und Frau C. waren eigenartig berührt, dass erst »so etwas passieren musste«, damit sie wieder schätzten, was sie

»aneinander hatten«. Rückblickend wurde sehr deutlich, dass diese Erschütterung eine Wende in der Ehebeziehung und auch in der Beziehung zwischen Eltern und Sohn brachte. Der Sohn, der bis dahin keine Beschränkungen oder Schicksalsschläge erlebt hatte und bislang recht oberflächlich und fordernd eingestellt war, wurde den Eltern gegenüber umgänglicher, und Herr C. begriff, dass er mit der Freiheit, die er seinem Sohn ließ, sich eigentlich stellvertretend eigene Wünsche erfüllt hatte.

Eine mögliche Deutung besteht darin, diesen Einbruch als Spiegelbild der vermutlichen »ehebrecherischen« Öffnung der Ehebeziehung durch Herrn C. zu interpretieren: Er hat die Ehe nicht mehr geschützt nach außen hin. In der Tiefe seiner Seele – dem Keller des Hauses vergleichbar – hatte er schon vieles aus dem familiären Bereich ausgelagert und sozusagen zum Transport nach außen bereitgestellt. Dass ausgerechnet seine Aktentasche, mit der er sich »in die Welt hinaus« begibt, zum Abtransport bereitsteht, nicht aber die Tasche seiner Frau, könnte eventuell in diesem Sinne zu deuten sein. Eine Tasche ist etwas höchst Intimes, auch eine Aktentasche. In ihr transportiert man ja meist nicht nur Arbeitsmaterial, sondern auch private Dinge. So hatte Frau C. zugegeben, sogar schon in dieser Tasche geschnüffelt zu haben, auf der Suche nach Hinweisen für uneheliche Aktivitäten ihres Mannes.

Wohlgemerkt: Ich behaupte nicht, alle Einbrüche seien von demjenigen »angezogen« worden, der sie erlebt, und alle Einbrüche hätten eine synchronistische Komponente. Aber bei vorsichtiger Betrachtungsweise können möglicherweise Zusammenhänge erkennbar werden. Bei negativen Erlebnissen mag es sich lohnen, zu schauen, ob sie in einem sinnvollen Zusammenhang stehen mit dem eigenen Lebensprozess oder ob in diesem Geschehnis Hinweise auf die notwendige eigene Entwicklung aufzuspüren sind. Es geht dabei nicht um Schuldzuweisungen und esoterische Selbstquälerei. Verantwortung für die eigene Entwicklung zu übernehmen und mögliche eigene Anteile an synchronistischen Begebenheiten zu erforschen kann eine ziemlich nüchterne Angelegenheit sein.

Bei allen negativen Aspekten und bei aller Nüchternheit der Deutung kann aber gelegentlich während eines Schicksalsschlags ein merkwürdiger Humor hilfreich wirken und Klärung herbeiführen.

Einladung an die Diebe: Ein Auto voller Unsicherheiten wird geplündert

Umbruchphasen im Leben sind meist von allerlei Verunsicherungen begleitet, und oft können wir uns nicht einmal mehr in Alltagsdingen entscheiden: Habe ich Lust, heute Abend mit Freunden ins Kino zu gehen, oder will ich lieber allein sein? Soll ich Salat herrichten oder lieber etwas kochen? Möchte ich einen Waldlauf machen oder will ich lieber fernsehen? Solche von außen betrachtet lächerlichen Entscheidungen sind besonders für Menschen, die lange allein leben, oft äußerst beschwerlich.

Ähnlich erging es mir in jüngeren Jahren, als eine Reihe wichtiger Lebensentscheidungen anstand. Ich hatte in der letzten Zeit viel gearbeitet und wollte endlich in Ruhe über alles nachdenken. So fuhr ich zwei Wochen allein in Urlaub, ohne festes Ziel. Klar war lediglich, dass ich am Ende der Reise für zwei Tage alte Freunde besuchen würde.

Das, was ich in mein Auto packte, spiegelte in jeder Hinsicht meine Unsicherheit wider. Für den Fall, dass es heiß würde und ich am Strand liegen wollte, waren Badesachen dabei. Für den Fall, dass ich lieber Radtouren machen wollte, nahm ich mein Fahrrad mit. Für den Fall, dass es kalt würde, packte ich Pullover und lange Hosen ein. Für den Fall, dass ich mit den Freunden essen gehen würde, nahm ich ein schickes Kleid mit. Für den Fall, dass es regnen sollte, war ein Regenumhang im Gepäck.

Für den Fall, dass ich zeichnen wollte, lagen Zeichenblock und Stifte parat. Für den Fall, dass ich Handarbeiten machen wollte, waren Stricksachen und Wolle dabei. Für den Fall, dass ich lesen wollte, nahm ich Bücher mit. Für den Fall, dass ich schreiben wollte, steckte ich mein Tagebuch und zwei neue Hefte ein. Für den Fall, dass ich Musik hören wollte, nahm ich einen Kassettenrecorder mit.

Kurz: Ich wusste überhaupt nicht mehr, was ich wollte. So verlief dann auch der Urlaub. War ich hier, dachte ich, dort müsse es interessanter sein. War das Wetter hier schlecht, dachte ich, dort müsse die Sonne scheinen. Machte ich eine Radtour, dachte ich daran, wie schön es sein müsste, faul am Strand zu liegen. Permanent war ich damit beschäftigt, mich umzuziehen, mein Gepäck umzuräumen, eine Tasche zu packen und wieder umzupacken. Von innerer Klärung konnte keine Rede sein.

Der Urlaub ging zu Ende, und ich wollte mich nur noch mit den Freunden zum Abschied in einem Café treffen. Ich parkte einige Straßen weiter. Die Freunde warteten schon auf der Terrasse des Cafés auf mich. Sie rieten mir, den Wagen mehr in die Nähe zu fahren, da in dieser Gegend oft Autos aufgebrochen würden, und ein vollgepacktes Auto würde ja Diebe förmlich einladen. So holte ich dann meinen Wagen und fand sogar einen Parkplatz hundert Meter entfernt, fast in Sichtweite.

Als mich die Freunde zwei Stunden später zum Auto brachten, fand ich die Schlösser aufgebohrt, und alles war gestohlen. Das Einzige, was mir blieb, war das Kleid, das ich trug, und neben den Papieren und meiner Geldbörse in der Handtasche das Buch von Erich Fromm »Haben oder Sein«. Als mir das bewusst wurde, musste ich laut lachen, obwohl mir die Tränen über das Gesicht liefen.

Ich spürte, dass all dies nicht nur ein »Zufall« war. Zu merkwürdig war es, dass ich selbst noch dazu beigetragen hatte, das Auto auf den »richtigen« Platz für den Einbruch zu fahren. Ich »wusste« intuitiv um die tiefere Bedeutung dieses Erlebnisses.

In den folgenden Wochen musste ich in vieler Hinsicht wieder »bei Null« anfangen, musste mir vieles, was ich alltäglich brauchte, erst wieder neu besorgen. Dies allein war ein fast therapeutischer Prozess: genau zu entscheiden, was ich wirklich brauchte, keinen Ballast mehr anzuhäufen. Ein Gespür für das Wesentliche zu bekommen, so wie es in Erich Fromms Buch anklingt: Das Sein ist wichtiger als das Haben. Ich konnte mir nur wenig neu kaufen, aber ich fand eine neue Klarheit in meinen Lebenszielen.

Natürlich muss nicht für jeden, der in eine ähnliche Situation gerät, ein solcher Sinnzusammenhang bestehen, aber es lohnt sich, dem nachzuspüren.

Rückblickend betrachte ich dieses Erlebnis als einen Wendepunkt in meinem Leben. Und in all diesem schicksalsschwangeren Geschehen blitzte immer wieder der Humor des »Haben oder Sein« durch. Der Archetyp des Schelms zog alle Register, und Hermes, der Götterbote überbrachte seine Botschaft. Für einen Gott der Reisenden war es nur passend, dass all dies auf einer Reise geschah. Und für eine Lebenssituation, in der es um den Übergang in eine neue Lebensphase ging, war es nur passend, dass ein Auto dabei eine Rolle spielte. Für eine Situation, in der es um Absicherung gegen alle Eventualitäten ging, war es schließlich auch noch sehr passend, nun auf das wirklich Wichtige reduziert zu sein. Mit einem leeren »Auto-Mobil« bewegt man sich leichter durchs Leben, und ein »Selbst« ohne Ballast ist ebenfalls »mobiler«.

Was auf der anderen Seite, beim Gegenspieler in diesem Diebstahls-Erlebnis vorging, weiß ich nicht. Bekam der Dieb vielleicht irgendwann einmal auch die negative Synchronizität zu spüren wie in den folgenden merkwürdigen Geschehnissen?

Kommissar Zufall: Unrecht Gut gedeihet nicht

Liest man aufmerksam über einen längeren Zeitraum die Zeitung, findet man erstaunlich viele Meldungen darüber, wie durch einen eigenartigen Zufall oder eine Kette von Zufällen Kriminelle entdeckt werden. Der geläufige Begriff vom »Kommissar Zufall« ist eben nicht zufällig entstanden, sondern beruht auf Beobachtung. Volker Berg behauptet in seinem Buch über »Die rätselhaften Zufälle« sogar: »Der Zufall offenbart eine Abneigung für Verbrecher ...« (S. 55).

Die folgenden Beispiele, die ich innerhalb weniger Monate fand, illustrieren die grimmige »Ironie des Schicksals«. Da ich diese Fälle nur aus zweiter Hand kenne, kann ich sie zwar nicht wirklich auf ihren synchronistischen Gehalt hin untersuchen, aber es finden sich darin dennoch einige wichtige Hinweise. Hier eine kleine Auswahl aus einem halben Jahr Pressemeldungen:

In Bogotá hatte ein Drogenhändler für seine Telefonate fremde Leitungen angezapft, um kostenlos zu telefonieren. So sparte er für Ferngespräche in die USA und nach Mexiko Tausende ein. Allerdings zapfte er dann zufällig die Leitung des Polizeichefs von Bogotá an ...

Ein Dieb in Kassel brachte Ende 1995 das Kunststück fertig, ein gestohlenes Autoradio ausgerechnet dem Bestohlenen, den er nicht kannte, als »günstiges Angebot« zum Kauf anzubieten ...

Kurz darauf geriet in Hamburg ein Fahrraddieb an den Falschen bzw. Richtigen: Kurz nach dem Diebstahl riss die Kette. Er schob das Rad zum nächstgelegenen Fahrradgeschäft. Der Ladenbesitzer erkannte das Rad sofort: Es gehörte seinem Sohn.

Wenige Wochen später kamen einer Croupier-Dame in Australien die Schmuckstücke an den Armen einiger Gäste an ihrem Tisch sehr bekannt vor: Sie gehörten ihrem Mann und waren gerade frisch aus ihrem Haus gestohlen worden.

Ausgerechnet mit der Fahrgestellnummer eines bayrischen Polizeiautos versah ein ungarischer Dieb unwissentlich einen gestohlenen Wagen. Bei der Einreise nach Bayern staunten die Grenzbeamten über die Daten, die sie aus dem Computer erhielten ...

Ein Mitarbeiter eines Sozialamtes in Niedersachsen konnte 6 Jahre lang einen insgesamt sehr großen Geldbetrag unterschlagen, indem er kleinere unauffällige Geldbeträge auf sein Privatkonto abzweigte. Eine Bank hatte zu einer Überweisung eine harmlose Rückfrage – leider ausgerechnet während der zwei Wochen, als der Mann in Urlaub war und ein Kollege den Vorgang überprüfte ...

Eine Kette von Zufällen legte einem Dieb in D. das Handwerk: Morgens stahl er ein Auto. Mittags fragte er einen Mann, den er im Garten sah, nach einer bestimmten Straße. Wenige Stunden später sah dieser Mann ihn mit einem Fernseher unter dem Arm, der ihm bekannt vorkam. Zu Hause stellte er fest, dass man bei ihm eingebrochen hatte und der Fernseher gestohlen worden war. Er lief zurück und entdeckte den Dieb in der Nähe auf einem Parkplatz. Als dieser mit dem gestohlenen Wagen flüchten wollte, rammte er ausgerechnet den Privatwagen eines Polizisten, der dort ebenfalls parkte ...

Ein Schauspieler sah sich zu Hause im Fernsehen einen Film an, in dem er selbst mitspielte. Im Film stellte er einen Kriminellen dar. Gerade als er auf dem Bildschirm verhaftet wurde, kam die Polizei in seine Wohnung und verhaftete ihn wegen Drogenbesitz ... das Leben schreibt eben die spannendsten Drehbücher selbst!

Diese Anekdoten sind für sich genommen nicht aussagekräftig. In der Fülle deuten sie aber darauf hin, dass es doch gelegentlich Muster geben mag, sich selbst organisierende Abläufe, in denen der Archetyp des Tricksters (siehe auch Seite 48f.) seine Possen mit jenen treibt, die meinen, besonders raffiniert zu sein.

Etwas »fällt auf einen zurück«, sagt der Volksmund. Und über Lügengespinste und andere Verstrickungen: »Es ist nichts so fein gesponnen, es kommt doch endlich an die Sonnen.«

In der griechischen Mythologie sorgten die *Erynnien*, in der römischen die *Furien*, weibliche Rachegeister, für die Rechtmäßigkeit der Dinge innerhalb der eingerichteten Ordnung. Die Göttin *Nemesis* sorgt für ausgleichende, strafende und vergeltende Gerechtigkeit. Sie wägt das jedem Menschen zukommende Maß von Glück und Unglück ab und straft jede Überheblichkeit. So ganz neu scheinen die Beobachtungen zu »negativen« sinnvollen Zufällen also nicht zu sein!

Natürlich lassen sich aus all diesen geschilderten Einzelfällen keine Regeln ableiten, die grundsätzlich Geltung beanspruchen können. Sie illustrieren aber einen interessanten Aspekt negativer Synchronizität, über den weiter zu forschen sich lohnen könnte.

Selbst bei den kaltblütigsten Gesetzesübertretern dürften Aufregung, Anspannung, Hoffnung oder Hass vorhanden sein und somit eine emotional aufgeladene Situation schaffen, in der synchronistische Ereignisse stattfinden können.

Ein weiterer Aspekt könnte auf die Möglichkeit hinweisen, dass die hier geschilderten Beispiele nicht vom Zufall bestimmt sind, sondern dass es sich um Synchronizität handeln könnte: Eine Gesetzesübertretung ist eine Grenzverletzung, eine Übergangssituation in mehrfacher Hinsicht. Es wird konkret in die Schutzsphäre eines anderen Menschen eingedrungen, sei es sein Haus, sein Auto oder seine körperliche Unversehrtheit. Ein Gesetz wird »über-treten«, man geht darüber hinweg, als gäbe es keine Grenze. Im psychischen Bereich ist zu vermuten, dass ein Gesetzesübertreter mit seiner Tat die Hoffnung auf eine Veränderung seiner Lebenssituation verbindet: von Armut zu Reichtum, vom Gefühl des Ausgeliefertseins zum Gefühl der Macht, vom Gefühl des Hasses zum Gefühl der Überlegenheit. In einem anderen, sehr konkreten Sinne sind solche Übertretungen meist auch anders mit Übergangssituationen verbunden: Täter befinden sich häufig auf der Flucht, meinen, sich durch Ortsveränderungen vor Entdeckung oder Ergriffenwerden schützen zu können.

Hat es nicht eine gewisse Logik, dass Hermes, der Gott der Kaufleute, der Reisenden und der Schwellen auch der Gott der Diebe ist? Und sie mit ihren eigenen trickreichen Mitteln foppt?

Vielleicht spielt hier auch noch der Aspekt hinein, der im Kapitel über das Wiederfinden von Gegenständen geschildert wurde. Gestohlene Gegenstände sind ja häufig Gegenstände, die nicht nur einen materiellen, sondern vor allem auch einen gefühlsmäßigen Wert für den Bestohlenen haben. Ob die intensiven Gefühlsbewegungen auf dieser Seite und die intensiven Gefühlsbewegungen auf Seiten des Diebes ein verborgenes Muster bilden, das schließlich die Entdeckung begünstigt? Etliche Autoren sprechen sogar davon, dass verlorene oder gestohlene Gegenstände zu ihren Besitzern »zurückkehren«. Wilhelm von Scholz spricht in diesem Zusammenhang vom »Gesetz der Anziehungskraft des Bezüglichen«.

Von einer anderen Form der Affinität zwischen Gegenständen und ihren Besitzern, die sich an einem harmlosen Wochentag in einem harmlosen Umfeld ereignete, handelt das folgende Beispiel.

Wie der Herr, so's Gescherr: Mitfühlende Computer und ihre schreibblockierten Menschen

Während ich an diesem Buch schrieb, hatte ich an einem Tag große Probleme, mich an die Arbeit zu machen. Das Material war zwar geordnet und ich wusste, wie es weitergehen sollte, und doch schien mein Gehirn wie mit Watte gefüllt, mir fiel nichts ein. So also fühlte sich der berühmte »Writer's Block« an, die Schreibblockade, die früher oder später jeden Autor erwischt! Schließlich raffte ich mich auf und schaltete den Computer ein. Auf dem Bildschirm starrte mir ein entsetzlicher Wortsalat entgegen, es ging nicht vorwärts und rückwärts, der Computer nahm einfach keine Befehle mehr an.

Ich versuchte, meinen Bruder zu erreichen, der Computer-Fachmann ist und mir oft am Telefon einen guten Rat geben kann. Er war den ganzen Tag nicht erreichbar: Bei einem seiner Kunden streikten an diesem Tag gleich mehrere Computer. Ich schaltete also mein Gerät wieder aus, und die Frustration paarte sich mit Erleichterung. Ich konnte ja nichts dafür, dass es heute nicht so richtig weiterging ... Ich machte andere Arbeiten und hörte auf, mich krampfhaft mit dem Schreiben zu beschäftigen, ich »ließ los«.

Als mein Bruder abends zurückrief, war er merkwürdig berührt davon, dass auch bei seinem Kunden am selben Tag die Computer ausfielen. Er erwähnte das Phänomen der synchron gehenden Uhren, die, wenn sie nebeneinander hängen, nach einiger Zeit im gleichen Rhythmus schwingen. Er habe sich erst kürzlich damit beschäftigt, und manchmal habe er das Gefühl, bei Computern gebe es ein ähnliches Phänomen. Über das Thema der synchron gehenden Uhren hatte ich wiederum gerade am Vortag gelesen:

George Leonard schildert in seinem Buch »Der Pulsschlag des Universums« eine Beobachtung, die schon im 17. Jahrhundert gemacht wurde. Pendeluhren, die an derselben Wand hängen, werden durch einen schwachen, von der Wand übertragenen Impuls miteinander synchronisiert. »Dieses Phänomen ist, wie sich herausstellte, universell gültig. Wenn zwei oder mehr Oszillatoren im selben Feld *fast* im gleichen Rhythmus pulsieren, neigen sie dazu, ›einzurasten‹, so dass sie schließlich *genau* synchron schwingen.« (S.25)

Hier war also eine zweifache Synchronizität: Wir hatten uns beide in kurzem *zeitlichen* Abstand mit dem Thema der Uhren beschäftigt, und die Computer schienen *inhaltlich* genau das zu verwirklichen, was über die Uhren beschrieben war.

Mein Bruder schlug vor, den Computer wieder einzuschalten, um dann eventuell telefonisch eine Lösung zu finden. Und siehe da: Das Gerät funktionierte bereits ohne weiteres Eingreifen, und das blieb seither auch so. (Bisher akzeptiert mein Computer, was ich über ihn schreibe, ohne »Widerworte« ...)

Auch hier lassen sich keine »objektiven« Kausalzusammenhänge feststellen, sondern lediglich Beobachtungen registrieren. Für einen Außenstehenden mögen diese weit hergeholt sein, für mich aber war dieses Erlebnis auf einer tieferen Ebene in mehrfacher Hinsicht bedeutsam. Dieses sehr subjektive Element ist ja eines der Kennzeichen einer synchronistischen Begebenheit – macht es damit aber natürlich angreifbar.

Ich fand vor allem interessant, dass die Störung des Computers sich von selbst löste, als meine eigene innere Störung behoben war. Was die Störungen an den Computern der Kunden »auf der anderen Seite« dieser Begebenheit bedeuten, kann ich nicht beurteilen.

Das hier geschilderte Beispiel beinhaltet auch Elemente der »Synchronizität der Synchronizität«: Während der Beschäftigung mit dem Thema ereignet sich etwas Synchronistisches. Es sei an die Theorie der »morphogenetischen Felder« von R. Sheldrake erinnert: Er nimmt an, dass es sogenannte Informationsfelder gibt, die nicht nur die Strukturen lebender Organismen, sondern auch die von unbelebter Materie beeinflussen. Sheldrake vermutet, dass alle Materie ein mit ihr verbundenes Gedächtnisfeld hat, das eine aktive Rolle bei vielen Vorgängen spielt. Diese Theorie ist bei Naturwissenschaftlern heftig umstritten.

Andererseits gibt es aber den auch bei Naturwissenschaftlern bekannten und berüchtigten »Pauli-Effekt«. Diesem liegt die Beobachtung zugrunde, dass häufig Laborgeräte versagten, wenn Wolfgang Pauli in der Nähe war. So wurde schließlich der »Pauli-Effekt« scherzhaft in Anlehnung an das Ausschließungsprinzip formuliert, für das Pauli 1945 den Nobelpreis für Physik erhielt: »*Es ist unmöglich, dass sich Professor Wolfgang Pauli und ein funktionierendes Gerät in einem Raum befinden.*«

Markus Fierz, der Pauli persönlich kannte, berichtet: »Pauli selber hat an seinen Effekt durchaus geglaubt. Er hat mir gesagt, er spüre das Unheil schon vorher als unangenehme Spannung, und treffe dann tatsächlich – einen anderen! – das erahnte Missgeschick, so fühlte er sich merkwürdig befreit und erleichtert. Man kann den ›Pauli-Effekt‹ durchaus als synchronistische Erscheinung ... auffassen.« (S. 190/191)

Es steht zu vermuten, dass Pauli häufig unter Spannungen stand. »Auf der einen Seite war er der streng rationale, geniale, mathematische Physiker, als den ihn die meisten seiner Kollegen kennen lernten und als der er auch heute noch vorwiegend bekannt ist. Auf der anderen Seite litt er auch unter der für schöpferische Menschen typischen Instabilität; er war häufig nicht-rationalen Einflüssen ausgesetzt, produzierte unglaubliche Mengen von archaischem Traummaterial und machte so Bekanntschaft mit psychischen Dingen, die er › *Eigentätigkeit der Seele*‹ nannte. Pauli selbst sah es als sein zentrales Lebensproblem ... an, mit diesen beiden widerstreitenden Seiten in sich umgehen zu lernen.« (H. Atmanspacher u.a., S. 3)

Im Briefwechsel von Wolfgang Pauli und Carl Gustav Jung (herausgegeben von C.A. Meier) und in dem von Atmanspacher u.a. neu veröffentlichten Material über den Pauli-Jung-Dialog finden Sie ausführliche Informationen zu diesem Thema.

Den Willigen führt das Schicksal, den Unwilligen zerrt es

Negative Synchronizität ist ebenso wenig selbst *verursacht* wie positive. Allerdings gilt hier ebenso wie bei positiven Erlebnissen, dass äußere Ereignisse mit seelischen Prozessen *korrespondieren*. Gemeinsam ist beiden Formen der Synchronizität, dass sie zur Entwicklung der Persönlichkeit beitragen können – einmal beglückend und einmal schmerzhaft. »*Ducunt fata volentem, nolentem trahunt*« wussten schon die Römer: *Den Willigen führt das Schicksal, den Unwilligen zerrt es*. Es geht aber nun nicht darum, Schuldzuweisungen zu verteilen nach dem Motto: »Hättest du alles richtig gemacht, wäre dir das nicht passiert.« Unsere Schattenseiten gehören zu uns, und es geht nicht darum, sich ihrer zu entledigen. Es geht vielmehr darum, sie zu integrieren, statt ihnen ihre zerstörerische Macht in der Tiefe der Seele zu überlassen. Positiv interpretiert ist es durchaus möglich, dass auch ein negatives synchronistisches Ereignis anzeigt: Die Zeit ist reif dafür, die Schattenseiten an die Oberfläche kommen zu lassen, die Zeit ist reif für eine Veränderung. Wenn es gelingt, diese Botschaft zu verstehen, halte ich es nach den bisherigen Beobachtungen für möglich, dass sie sich nicht wiederholen. Werden sie nicht verstanden, »zerrt« das Schicksal uns eben noch ein bisschen länger ...

Paul Watzlawick schildert in seiner köstlichen »Anleitung zum Unglücklichsein« recht sarkastisch, wie wir eigenes Unglück förmlich anlocken. Sein Thema ist zwar nicht Synchronizität, sondern die eigene Verantwortung für unsere Sicht der Welt und unseres eigenen Lebens. Aber wer Watzlawicks detaillierte Anleitungen *nicht* befolgt, mag seine Chancen vergrößern, nicht zum Gespött der negativen Synchronizität zu werden.

In der gesamten Literatur über Synchronizität finden sich relativ wenige Beispiele für die negative Ausformung. Am ehesten findet man Beispiele für die hier gemeinten Phänomene in parapsychologischen oder journalistischen Berichten über Spukereignisse (siehe dazu Seite 137ff.). Die Parapsychologen allerdings, die mit naturwissenschaftlichen Methoden Spukphänomene untersuchen, sind für das Konzept der Synchronizität nicht unbedingt aufgeschlossen: Synchronizität lässt sich nicht »wissenschaftlich« untersuchen, und tiefenpsychologische Konzepte wie »Sinn« passen nicht in ein Instrumentarium von Messbarkeit und Wiederholbarkeit. Hier ließe sich von Pauli viel lernen: »Ich behaupte nicht, dass das Reproduzierbare an und für sich wichtiger sei als das Einmalige, aber ich behaupte, dass das wesentlich Einmalige sich der Behandlung durch naturwissenschaftliche Methoden entzieht.« (1957)

So bleibt für die Schilderung negativer Synchronizität am ehesten anekdotisches Material. Aber auch der bereits erwähnte Alan Vaughan, der systematisch synchronistische Fälle sammelte, beklagt, dass er nur wenige Beispiele für negative Synchronizität gefunden habe. Er vermutet, dass die meisten Menschen diese gern für sich behalten, da sie mit Schuld oder Versagen belastet sind. »Die meisten synchronistischen Ereignisse ... zeigen auf uns als die Stars unseres eigenen synchronistischen Dramas ... wir als die Stars und Regisseure gleichzeitig müssen beides, die Belohnung und die Beschämung, hinnehmen. Wir sind immer schnell bei der Hand, wenn es darum geht, die Belohnung anzunehmen, aber sehr langsam, wenn es darum geht, auch die Beschämung anzunehmen.« (S. 199) Er empfiehlt dann, ohne Schuldzuweisungen mit negativer Synchronizität umzugehen, damit uns Schuldgefühle nicht hindern, aus diesen Erfahrungen zu lernen.

Die Beispiele negativer Synchronizität, die ich hier aufgeführt habe, sind nur ein kleiner Ausschnitt meiner Beobachtungen und eigenen Erfahrungen. Wenn man selbstkritisch und auch humorvoll mit diesen Erfahrungen umgehen kann und sich die Mühe macht, sie zu dokumentieren, finden sich leicht solche Beispiele!

In einer psychotherapeutischen Praxis hat man ebenfalls immer wieder mit negativer Synchronizität zu tun. Während der Therapie, in der es darum geht, die eigene Persönlichkeit zu entwickeln, kommen auch die Schattenseiten zutage. Bevor sie integriert werden können, kann es zu heftigen Gefühlsbewegungen kommen, die dann eben gelegentlich von negativen synchronistischen Erlebnissen begleitet sind.
Der Begriff »negativ« ist also letztendlich gar nicht negativ zu bewerten. Wie wir gesehen haben, kann auch das vordergründig Negative eine heilende, positive Wirkung haben.
Edward C. Whitmont, der große Psychotherapeut und Homöopath, beschreibt in seiner humorvollen Weise in einem atemberaubenden Bogen, wie wichtig Hindernisse sind: »Die

griechische Tragödie ist ja immer ein ... Schicksalsgeschehen, das den Menschen übermannt, weil er nicht die richtige, freundliche Einstellung zu den Göttern hat. Nun haben wir wieder in der Biologie ein interessantes Beispiel, wie sehr das Drama lebensnotwendig ist, und es ist das Beispiel der Flachwürmer.« Whitmont schildert nun ein Experiment mit diesen Würmern, das aber misslang. Die Flachwürmer weigerten sich, mitzumachen oder gingen ein. Dann baute man schließlich Hindernisse in den Ablauf des Experimentes ein, die die Würmer zu bewältigen hatten, »und siehe da, die Flachwürmer kamen zum Leben zurück ... also, sogar den Flachwürmern ist's zu langweilig, wenn kein Hindernis und kein Antagonist auftritt ... Also, ohne den Teufel geht's nun mal nicht. Es gibt ja Legenden, da ist es gelungen, den Teufel zu bannen, und alles Leben kommt zum Stillstand.« (1988, S. 64-66)

Zum Ganzen gehören immer beide Pole, positiv und negativ, schwarz und weiß, hell und dunkel, Tag und Nacht. Das asiatische Symbol von Yin und Yang, die sich ineinander wandeln, indem jedes schon den Kern des anderen in sich trägt, zeigt diesen Zusammenhang sehr deutlich an: Nur zusammen sind sie ein rundes Ganzes.

In unserer modernen Kultur aber scheint diese Integration immer weniger zu gelingen. Auf der einen Seite steht das unerbittliche »positive Denken« mit seiner Tyrannei von Glück und Erfolg. Schattenseiten haben darin keinen Platz. Auf der anderen Seite haben wir die Konjunktur des Übersinnlichen, besonders in seiner unheimlichen Form, auf die sich alle möglichen Talkshows begierig stürzen. Sie tragen nur zur weiteren Verunsicherung bei, und deshalb scheint es mir wichtig, nochmals darauf hinzuweisen, diese Phänomene als das zu betrachten, was sie trotz allem Beängstigenden in erster Linie sind: eine Chance für kritische Selbstreflexion und Wachstum.

Wir haben die Freiheit, uns führen zu lassen oder gezerrt zu werden!

8 Synchronistische Phänomene und Orakel als Warnung

Manchmal machen wir in einem Alltagserlebnis ganz beiläufig eine Beobachtung, die ein merkwürdiges Gefühl in Bezug auf die Zukunft auslöst. Dies kann ein angenehmes Gefühl sein, aber auch ein unangenehmes, das wir schnell wieder abschütteln. Und wir beeilen uns gern mit der Feststellung: »Das ist sicher ein gutes Omen« oder (vorzugsweise, wenn es andere betrifft) »Das ist aber ein schlechtes Zeichen«.

»Zufällig« schreiben wir heute Freitag, den dreizehnten. Das ist immerhin der *Neuen Westfälischen Zeitung* auf dem Titelblatt eine Meinungsumfrage zum Thema Aberglaube wert, in der solche Ereignisse und Zeichen aufgelistet sind, denen Menschen Bedeutung zumessen wie Kleeblätter, Sternschnuppen, Hufeisen, Schornsteinfeger, die Zahl Dreizehn und beispielsweise schwarze Katzen.

Marie-Louise von Franz sagt dazu: »Sogar wenn man es nach seiner bewussten Weltanschauung verwirft, gebraucht der primitive Mensch in uns dauernd diese Art Vorhersage der Zukunft, sozusagen mit der linken Hand ...« (1987, S. 15)

Solche »guten« oder »schlechten« Omen werden aber meist recht naiv herangezogen. Sie sagen nichts aus über eine ernsthafte Auseinandersetzung mit den eigenen Lebensthemen und Lebensaufgaben.

Um diese ernsthafte Auseinandersetzung jedoch geht es bei wirklichen synchronistischen Erlebnissen, die eine Warnung oder ein gutes Omen enthalten können. Meiner Beobachtung nach sind die Symbole oder Begegnungen in solchen Erlebnissen speziell für die Situation passend – und nicht so allgemein wie eine schwarze Katze.

Bereits in früheren Kapiteln wurden einige Begebenheiten geschildert, in denen solche Aspekte als Teil eines synchronistischen Erlebnisses zur Sprache kamen. Das Erlebnis, bei dem ein Ehepaar einen befreundeten Rechtsanwalt »zufällig« traf (siehe Seite 78f.), enthält beispielsweise ein Element der Warnung in Bezug auf den Mietvertrag. Die geschilderten synchronistischen Begebenheiten im Vorfeld meines eigenen Umzugs wiederum (Seite 55ff.) ließen sich als gutes Omen deuten.

So kann es also sein, dass wir Menschen oder Dingen begegnen und diese Begegnung als bedeutsames Omen für ein Projekt oder eine Entscheidung sehen. Es kann jedoch auch sein, dass wir warnende Aspekte in einer Begegnung nicht wahrnehmen wollen.

Vielleicht träumen wir auch etwas, das uns bedeutsam für die Zukunft erscheint, wie ein Versprechen oder auch wie eine Warnung. Aber oft vergessen wir einen solchen Traum schnell oder trösten uns – falls ein Traum uns ängstigt – doch lieber damit, dass Träume Schäume sind.

Natürlich kann man auch ein Orakel oder einen Astrologen befragen, um Hinweise auf die Zukunft zu bekommen. Aber dies hat eine andere Dimension als synchronistische Vorfälle. Bei einem Orakel stimmen wir uns bewusst auf eine Lebensfrage ein, bei synchronistischen Begebenheiten kommen diese – manchmal auch ungebeten – spontan auf uns zu. Vom Thema Orakel wird am Ende dieses Kapitels noch ausführlicher die Rede sein.

Im folgenden Erlebnis enthielt eine kurze zufällige Begegnung eine Warnung und den Kern einer später sehr entscheidenden Lebenssituation.

Eine Partnerschaft fällt ins Wasser

Frau S. und ihr Freund führten seit längerer Zeit eine Wochenendbeziehung über 300 Kilometer hinweg, da beide an ihre Arbeitsstellen gebunden waren. Sie planten aber, im folgenden Jahr zusammenzuziehen. Frau S. wollte sich in der Stadt ihres Freundes eine neue Stelle suchen, und es war auch von Heirat die Rede.

An den Wochenenden unternahmen sie manchmal Kurzreisen in die weitere Umgebung. Eine dieser Reisen führte sie in eine von beiden Wohnorten weit entfernte Hafenstadt an der Nordsee. Kurzfristig entschieden sie dort bei einem Stadtbummel, noch eine Hafenrundfahrt zu machen. Beide waren dann in höchstem Maße erstaunt, als eine Arbeitskollegin des Mannes ebenfalls ins Schiff stieg und den Mann überschwenglich begrüßte. Frau S. berichtete später in den ersten Therapiestunden, schon damals habe sie »so ein merkwürdiges Gefühl im Bauch« gehabt. Ihr war einige Wochen vorher auf einem Betriebsfest ihres Freundes aufgefallen, dass diese Frau heftig mit ihm zu flirten versuchte. Ihr Freund hatte das abgetan: »Die versucht das doch bei jedem, mach dir keine Gedanken.«

Und nun war ausgerechnet diese Frau auf diesem Schiff, an einem Wochenende, das weit weg vom Alltag nur ihrem Freund und ihr gehören sollte. Welch ein merkwürdiger Zufall! Frau S. erzählte später: Wenn sie sich nicht spontan auf ihre eigene Anregung hin zur Hafenrundfahrt an diesem Tag zu dieser Stunde entschieden hätten, wäre sie sogar argwöhnisch davon ausgegangen, dass diese Frau das Ganze wie einen Zufall arrangiert habe.

Frau S. verdrängte all diese Gedanken, doch in den kommenden Monaten tauchte immer dann ein merkwürdiges Gefühl auf, wenn sie ihren Freund am Telefon nicht erreichte. Er beteuerte jedoch, da sei nichts und sie solle sich nicht so viele Gedanken machen.

So zog Frau S. schließlich wie geplant in seinen Ort. Die neue Wohnung war noch nicht fertig, und deshalb wohnte sie zunächst bei ihrem Freund in dessen kleiner Wohnung. Als sie eines Tages beim Klingeln des Telefons den Hörer abnahm und am anderen Ende aufgelegt wurde, kroch wieder dieses merkwürdige Gefühl in ihr hoch. Nachdem solche Anrufe häufiger eintrafen, stellte sie ihren Freund zur Rede.

Er gab schließlich zu, seit einigen Monaten mit seiner Arbeitskollegin ein Verhältnis zu haben. Im Anfang sei das alles nicht ernst gewesen, aber mittlerweile wisse er nicht mehr, was er wolle, denn jetzt sei ihm klar geworden, dass diese Kollegin ihm doch sehr viel bedeute. Es wäre wohl besser, wenn sie, Frau S., zunächst allein in die neue Wohnung ziehe. Er müsse erst mit sich ins Reine kommen.

Für Frau S. brach eine Welt zusammen. Sie hatte ihre ganze Existenz aufgegeben, ihre Arbeitsstelle, ihre Freunde, ihre Wohnung, ihre vertraute Umgebung, um mit ihm zu leben und ihn demnächst zu heiraten. Nun stand sie vor dem Nichts.

In dieser Situation meldete sie sich zur Therapie an. Als sie sich nach einiger Zeit schließlich ihrer Wut auf den Freund stellen konnte, begann sie sich auch zu fragen, was sie denn selbst übersehen habe, indem sie sich auf einen solchen Mann einließ und »in ihr Unglück rannte«.

In diesem Zusammenhang fiel ihr die Begebenheit vom Hafen wieder ein, das mulmige Gefühl, das sie weggeschoben hatte, die Beschwichtigungen ihres Freundes und ihre eigenen Bemühungen um Vernunft. Im Nachhinein sah sie diese Begebenheit als deutliche Warnung des Schicksals: »Hier bahnt sich etwas an, sei auf der Hut.« Wenn zwei Menschen wie ihr Freund und diese Kollegin sich auf eine solche Entfernung zwischen Arbeitsplatz und Hafenstadt »blindlings« (intuitiv) fanden, dann deutete das damals schon auf eine untergründige Intensität der Beziehung hin, und die beschwichtigenden Worte des Freundes waren wertlos.

All dies habe sie damals »tief drinnen« gespürt, sagte Frau S. Aber ihr Verstand hätte das als Blödsinn abgetan, und natürlich habe sie lieber dem Freund glauben wollen als den eigenen negativen Ahnungen. Im Nachhinein ärgerte sie sich über sich selbst. Sie meinte, es wäre ihr viel Unglück und Ärger erspart geblieben, wenn sie sich auf ihre Intuition verlassen hätte.

Ihr Freund und die Kollegin heirateten schon kurze Zeit später, weil die Frau schwanger war.

»Wäre«, »Hätte«, »Wenn« – natürlich ist es müßig, anschließend darüber zu spekulieren. Es mag tatsächlich sein, dass Frau S. besser daran getan hätte, damals ihre Intuition ernst zu nehmen und schon damals eine Entscheidung zu fällen, oder zumindest noch nicht umzuziehen. Selten wird aber jemand die Kraft haben, sich aufgrund solcher »Indizien« von einem geliebten Partner zu trennen. Dennoch erscheint es mir wichtig, eine solche starke Empfindung ernst zu nehmen und ihre mögliche Bedeutung zu hinterfragen. Sind Sie ein Mensch, der unsicher ist und zur Eifersucht neigt? Dann ist es sicher sinnvoll, nicht gleich dem Partner etwas zu unterstellen, sondern sich selbst zu fragen, ob die eigenen Ängste vielleicht Gespenster produzieren, wo keine sind. Wenn Sie sich aber in dieser Weise verantwortungsvoll und selbstkritisch dem Thema gestellt haben und Ihre untergründige Wahrnehmung eines merkwürdigen Zufalls bleibt bestehen – dann könnte es Zeit für ein ernsthaftes Gespräch mit dem Partner oder der Partnerin sein. Bei einem so außergewöhnlichen Zufall können Sie auch anhand der Checkliste am Schluss dieses Buches auf Seite 212f. überprüfen, ob er synchronistische Elemente und vielleicht vorausschauende Aspekte enthält.

Selbst wenn die Geschehnisse und Entscheidungen bereits abgeschlossen sind, kann es hilfreich sein, dieses vorausschauende Potential eines solchen merkwürdigen Zufalls rückwirkend zu würdigen und in ihm ein bedeutsames Omen zu sehen: Im geschilderten Beispiel ist die Intensität dieser neuen, damals erst im Kern vorhandenen Beziehung zwischen ihrem Freund und der Kollegin bereits so stark, dass sich eine synchronistische Begegnung sehr weit entfernt ergab.

Interessant ist auch hier die Symbolik im Umfeld dieses Erlebnisses. Wieder einmal geschieht etwas Synchronistisches auf Reisen, also in einer Übergangssituation. Darüber hinaus befindet sich die Partnerschaft in einem Übergang: von der Wochenendbeziehung zur Ehe, von der Unverbindlichkeit zur Verbindlichkeit. Die synchronistische Begegnung findet auf einem Boot statt, das in diesem Beispiel der Erkundung des Hafens dient. Boote sind unter anderem Symbole für Abenteuerlust und Erkundungsdrang. Wasser ist, wie wir in früheren Beispielen sahen, ein sehr vielschichtiges Symbol. In diesem Erlebnis symbolisiert es wohl am ehesten, dass dieser langjährigen Beziehung der »feste Grund« fehlt. Wasser hat keine Balken! Und ein Hafen kann zwar ein sicherer Ort sein, wenn man vom Meer her kommt. Aber wenn man sich vom Land aus nähert, ist ein Hafen eher ein Ort des Übergangs: Menschen und Dinge kommen an und reisen ab, Abschiede, Trennungen, Neuanfänge und andere Veränderungen nehmen dort ihren Beginn.
Diese Symbolik in der Situation selbst zu erkennen erfordert einige Übung. Wenn darüber hinaus diese Symbolik vor schmerzhaften Veränderungen warnt, schließt man zunächst lieber die Augen.
Es mag durchaus sein, dass es einfacher für Frau S. gewesen wäre, in ihrer alten Umgebung zu bleiben. Im Verlauf der Therapie, die sich über einen längeren Zeitraum erstreckte,

wurde jedoch deutlich: Sie zog nicht nur ihrem Freund und der Beziehung zuliebe in die andere Stadt. Sie strebte schon seit längerer Zeit nach Veränderungen in ihrem Leben. Rückblickend sah sie dann die Tatsache, dass sie sich in einen weit entfernt lebenden Mann verliebt hatte, schon als Zeichen dafür, dass sie einen Schritt aus der gewohnten Umgebung tun wollte.

Im Laufe der Zeit konnte sie schließlich sogar die Vorteile und positiven Herausforderungen in der Veränderung für sich selbst sehen, konnte sich wieder einfügen »in den Lauf der Dinge« und lernte gegen Ende der Therapie einen neuen Mann kennen.

Auch im folgenden Beispiel geht es um eine Partnerschaft. Vermutlich gibt es auch andere Lebensbereiche, in denen warnende Vorzeichen auftreten, aber in meiner Arbeit als Therapeutin stehen eben oft Beziehungen im Mittelpunkt. Ich vermute aber auch, dass warnende Aspekte in synchronistischen Ereignissen gerade bei Problemen in der Partnerschaft gehäuft auftreten. Da es hierbei immer um tiefe Gefühle und archetypische Verstrickungen geht, ist dies auch nicht sonderlich überraschend.

Ein warnender Traum kündet von Problemen

Herr Z. war auf einer zweiwöchigen Geschäftsreise. Nach seiner Rückkehr erzählte er in der Therapie den folgenden Traum, den er gehabt hatte: Er befand sich im Theater, allein. Er war gerade von seiner Geschäftsreise zurückgekehrt und hatte seine Frau noch nicht gesehen, er ahnte aber, dass sie bei ihrem Nachbarn war und ging dorthin. Tatsächlich saß sie dort mit ihm im Wohnzimmer. Er fragte die beiden höflich, ob sie mit ins Theater kämen. Der Nachbar war verunsichert und sah die Frau an. Sie solle entscheiden. Sie jedoch sagte klipp und klar, sie wolle lieber mit dem Nachbarn allein sein, und er (der Ehemann) solle sich nicht so anstellen. Daraufhin schrie er seine Frau an, und sie war deshalb beleidigt. Er sagte ihr ruhig, wie verletzt er sei. Dann ging er aus dem Zimmer und hoffte, sie würde nachkommen. Sie kam nicht.

Soweit der Traum. Er hatte seiner Frau noch nichts davon erzählt. Denn er wolle ihr ja nichts unterstellen. Er wisse zwar, dass sie den Nachbarn nett fände und sie tatsächlich mit ihm im Theater gewesen sei, während er verreist war. Aber er könne ja schließlich nicht verlangen, dass sie jeden Abend zu Hause bliebe.

Ich versuchte, ihn darauf hinzuweisen, wie klar seine Wahrnehmung im Traum war, dass mit dem Nachbarn eine enge Verbindung bestünde. Er tat das ab, ach, natürlich mache man sich so seine Gedanken, wenn man auf Reisen sei, aber ernsthaft könne er sich das nicht vorstellen. Seine Frau und er hätten eine gute Ehe, und er vertraue ihr. Er unterhalte sich doch auch gern mal mit anderen Menschen.

Monate später kam dann die Wahrheit ans Licht: Seine Frau hatte sich tatsächlich in den Nachbarn verliebt, und mittlerweile war diese Beziehung so gefestigt, dass sie sich eine Beendigung nicht mehr vorstellen konnte. Die Wahrnehmung des Traumes war sehr exakt gewesen: Die beiden gingen nicht nur im Traum ohne ihn ins Theater. Während er sich auf Geschäftsreise befand, hatte auch in der Realität eine Beziehung begonnen, die ihn ausschloss.

Schauen wir die Symbolik des Traumes noch etwas genauer an: Vordergründig bedeutet »Theater« einfach etwas Positives, Angenehmes, das Herr Z. mit seiner Frau unternehmen will. Sie aber lehnt es ab, mit ihm etwas Angenehmes zu erleben. In einem tieferen Sinne ist das Theater ein Symbol für das Leben. Im Theater wird das Leben in seiner Komplexität abgebildet. Andererseits kann jeder Schauspieler in verschiedene Rollen schlüpfen. Diese Vielheit will Frau Z. mit ihrem Nachbarn erleben. Die Frau und der Nachbar gehen symbolisch gemeinsam zum »Lebensdrama« und schließen den Ehemann davon aus. Wie auf der Bühne spielen sie auch in der Realität verschiedene Rollen: Sie die gute Ehefrau, Nachbarin, Geliebte, Betrügerin des Mannes, er den guten Nachbarn für beide, den Geliebten für die Frau, Betrüger des Mannes. Beide spielen über Monate hinweg dem Mann Theater vor!

Herr Z. kämpfte noch lange Zeit um seine Frau. Da sie aber die Beziehung zu ihrem Geliebten nicht aufgeben wollte, trennte sich Herr Z. schließlich von ihr.

Wie beim ersten Beispiel gilt auch hier: Zunächst ist es wichtig zu schauen, wo möglicherweise Projektionen eigener Befürchtungen und Unsicherheiten im Traum ausgedrückt werden. Aber selbst wenn es »nur« die eigenen Probleme sind, die sich darin äußern und wenn ein solcher Traum *nicht* synchronistisch sein sollte: Zumindest kann er Anlass für ein klärendes Gespräch mit dem Partner sein. Wenn eigene Ängste so massiv sind, sollte der Mensch, der einem nahesteht, davon wissen dürfen. Dies verlangt jedoch, Verantwortung für die eigenen Gefühle zu übernehmen und Vorwürfe dem anderen gegenüber zu vermeiden.

In Therapien erfahre ich häufig Geheimnisse, und immer wieder erstaunt es mich, wie selbstverständlich viele Menschen davon überzeugt sind, ihr Partner würde von ihren Geheimnissen nichts bemerken. Doch selbst wenn der Partner bewusst keinen Verdacht hat, spürt sein Unbewusstes oft, was in der Tiefe vor sich geht. Das in Komödien und Witzen so beliebte

Thema »Betrogener Ehemann kommt frühzeitig von der Arbeit zurück« hat nach meinen Beobachtungen durchaus ein Pendant in der Realität. Und zwar weniger im tatsächlichen »Erwischen in flagranti«, sondern in dem hier geschilderten synchronistischen Sinne: Da will sich in einem anderen Fall eine Frau heimlich mit ihrem Freund treffen, und aus heiterem Himmel wird dem Ehemann übel, und er kommt tagsüber von der Arbeit nach Hause. Und das passiert nicht einmal, sondern gleich mehrere Male.

Da will ein Mann seiner Frau versichern, er habe keine Affäre mit seiner Arbeitskollegin, und ausgerechnet diese Arbeitskollegin begegnet dem Ehepaar plötzlich mehrmals in der Woche, und der Mann bekommt jedes Mal einen hochroten Kopf.

Einige dieser mir berichteten Begebenheiten, die massive Warnungen enthielten, sind so spektakulär, dass ich sie selbst bei Veränderung von Details aus Gründen der Diskretion nicht schildern kann. Filmdrehbücher sind geradezu phantasielos gegenüber dem, was die synchronistische Realität sich alles einfallen lässt.

Zwei Jahrzehnte psychotherapeutischer Tätigkeit haben mich gelehrt, dass in Partnerschaften Geheimnisse sehr oft ans Tageslicht kommen und dass sie manchmal eben in synchronistischen Erlebnissen als Warnungen lange vor der Entdeckung »anklopfen«.

In einer sehr beeindruckenden Weise kam eine synchronistische Warnung zustande in dem folgenden Erlebnis, das von Victor Mansfield in seinem Buch über Synchronizität geschildert wird.

Wertvorstellungen und Perlen

Der Anfang dieser Geschichte liegt schon in der Kindheit der betroffenen Frau. Sie hatte einen Fingerring aus echtem Gold mit Perlen von ihren Eltern bekommen. Viel besser aber gefiel ihr der schöne rote Plastikring ihrer Schulfreundin, und so tauschte sie ihn mit ihr. Sowohl ihre Eltern als auch die der Freundin waren schockiert, und die Ringe wurden wieder zurückgetauscht. Dem Mädchen gefiel der Ring danach erst recht nicht mehr, und sie trug ihn kaum noch. Nach einer Weile vergaß sie ihn.

Als junge Frau hatte sie viele Jahre später eine ernsthafte Beziehung zu einem Mann, doch die Beziehung stagnierte, und es war nicht sicher, ob sie den toten Punkt überwinden würde. In dieser Situation tauchte ein neuer, sehr exotischer Mann auf, in den die junge Frau sich heftig verliebte. Andererseits schätzte sie die Sicherheit der Beziehung zu ihrem langjährigen Freund.

Eines Nachmittags, auf dem Rückweg von der Arbeit, erging sie sich in Phantasien über ein eventuelles Treffen mit dem neuen Mann am kommenden Abend. Sie hatte sich extra nichts anderes vorgenommen. Als sie ihren Wagen verließ und Geld für die Parkuhr aus ihrer Geldbörse holte, fiel der Ring heraus, der ihr als Mädchen geschenkt wurde. Sie hatte keine Ahnung, wie er dorthin gekommen war. Aber als sie ihn in der Hand hielt, wurde ihr augenblicklich bewusst: Wenn sie mit diesem neuen Mann eine Affäre haben wollte, müsste sie wieder einmal eine Perle gegen eine bunte Imitation eintauschen. Dieses Mal aber würde sie eine wertvolle langjährige Beziehung dabei verlieren. »Diese Erfahrung, nach 15 Jahren den Perlenring genau in dieser Situation zu finden, hatte eine wichtige Botschaft. Ich erkannte in diesem Moment, dass ich an einem Wendepunkt in meinem Leben war und dass ich mich in meinen Entscheidungen nicht länger naiv verhalten konnte. Übrigens entschied ich mich für die langjährige Beziehung.« (S. 40)

Hier wurde die Warnung sofort begriffen. Die betroffene Frau hatte sich grundsätzlich schon viel mit dem Thema Werte in ihrem Leben befasst, und sie war sich bewusst, dass sie schon oft auf schönen Schein hereingefallen war. Das synchronistische Erlebnis mit seiner für sie eindeutigen Warnung machte ihr diese Schattenseite wieder einmal klar.

Victor Mansfield spricht davon, dass »transzendente Weisheit sich in unserer Individuation ausdrückt«. Es handelt sich nicht nur um persönliche Botschaften, sondern auch um über die Persönlichkeit hinausgehende Weisheit, die auf etwas Größeres hindeutet.

Und wieder geht es um die »Ordnung«, wie sie im Taoismus anklingt, nämlich sich selbst als Teil eines höheren Ganzen zu betrachten, nicht nur egoistische Motive zu verfolgen, sondern sich einzufügen und Verantwortung für die eigenen Wahrnehmungen und Handlungen zu übernehmen. Und das heißt auch, wahre Intuitionen zu unterscheiden von Phantasien, die den eigenen Interessen dienen und von Wunschdenken oder Ängsten diktiert sind.

Achtsamkeit im Kleinen, wie sie auch im Buddhismus gelehrt wird, ist eine gute Vorbereitung dafür.

> Am selben Ort sitze ich heute
> wo andere lange vor mir saßen
> und wo in tausend Jahren noch andere kommen.
> Wer ist der, der singt, und wer, der lauscht?
> (Nguyen Cong Tru,
> zitiert nach Thich Nhat Hanh)

Warnung in einer Weissagung

Weissagungen und Orakel können als spezieller Aspekt des Themas Synchronizität gesehen werden. Generelle Weissagungen werden über politische oder gesellschaftliche oder auch Naturereignisse ausgesprochen, wie dies beispielsweise in den Weissagungen des Nostradamus geschah. In jüngster Zeit begeistern die »Erkenntnisse von Celestine« (Redfield/Adrienne) viele Esoterik-Anhänger, die auf der Suche nach Erlösungen sind. Diese spezielle Form von Prophezeiungen, die in einer nicht identifizierbaren Mischung aus Tatsachenbericht und Roman Botschaften vermitteln, ist hier aber nicht gemeint.

Interessant im Zusammenhang mit dem Thema Synchronizität und persönliche Entwicklung ist eher eine Weissagung oder die Befragung eines Orakels wie des I Ging durch einen konkreten Menschen in einer konkreten Lebenssituation.

So berichtet der schon erwähnte in Asien lebende »Spiegel«-Korrespondent Tiziano Terzani in seinem Buch »Fliegen ohne Flügel« von der Warnung eines Weissagers, den er – eher skeptisch, mehr aus journalistischer Neugierde – befragt hatte. Er war von diesem Mann im Jahre 1976 gewarnt worden, er dürfe im Jahr 1993 kein einziges Mal mit einem Flugzeug fliegen. Sein Leben sei sonst gefährdet.

Obwohl seitdem viele Jahre vergangen waren, erinnerte sich Terzani 1992 an die Warnung und entschloss sich trotz des Gespötts seiner Kollegen, »auf diese Prophezeiung asiatisch zu reagieren: mich also nicht dagegenzustellen, sondern mich ihr zu beugen«. (S. 10) So beschloss er, ein Jahr lang kein Flugzeug zu benutzen. Dadurch konnte er an einem wichtigen Termin nicht teilnehmen, und ein Kollege kam eigens aus Deutschland zur Vertretung angereist. Der Hubschrauber, in dem dieser Kollege die letzte Etappe zum Termin zurücklegte und in dem Terzani hätte sitzen sollen, stürzte ab. Die Insassen überlebten, waren aber schwer verletzt. Erklärbar sind solche Vorfälle nicht. Wie Botschaften aus der Zukunft, die einen konkreten Menschen betreffen, von einem Weissager aufgenommen werden können, bleibt ein Rätsel.

Terzani betont anfangs, es sei »reiner Zufall« gewesen, dass er diesem Weissager in Hongkong begegnet sei. Die Begegnung veränderte allerdings sein Leben und seine Sichtweise so eindringlich, dass es rückblickend fraglich erscheint, ob es wirklich nur Zufall war. In dieser Begegnung lag eine Botschaft für sein Leben, die ihm darüber hinaus dazu verhalf, sich intensiv mit dem spirituellen Hintergrund des modernen Südostasien zu befassen, dem er als Journalist bisher eher skeptisch gegenübergestanden hatte. Die Weissagung und der Entschluss, sich ihr zu fügen, war der Beginn einer inneren Wandlung, die im Laufe des Buches deutlich wird und die ihn schließlich zur Meditation führte.

Auch hier gab es ein Muster über Zeit und Raum hinweg, und sein Entschluss, nur noch über Land und See zu reisen, führte Terzani in ein komplexes Gewebe neuer Begegnungen und neuer merkwürdiger Zufälle und Weissagungen. So nennt er denn das erste Kapitel seines Buches »Ein segensreicher Fluch«.

Warnungen und andere Botschaften im I Ging

Statt eines Menschen, der einem Rat gibt oder weissagt, befragen auch im Westen immer mehr Menschen das I Ging (siehe auch Seite 101f.). Wenn diese Befragung bei einem wichtigen

Thema in einer meditativen Atmosphäre stattfindet, kehrt oft eine tiefe innere Ruhe und Gewissheit ein. Gelegentlich spricht das I Ging aber auch eine deutliche Warnung aus, die der Befragende am liebsten zu seinen Gunsten (oder was er dafür hält) umdeuten möchte. Wie wir sehen werden, lässt sich das I Ging aber kaum überlisten.

Im I Ging mit seinen 64 Zeichen aus acht Trigrammen wird die grundlegende Einheit von Makrokosmos und Mikrokosmos vorausgesetzt. Der Mensch ist darin ein Teil des Wandlungsprozesses der gesamten Schöpfung. Die phänomenalen Zusammenhänge der Zeichen des I Ging mit dem genetischen Code des Menschen wurden in jüngster Zeit von Katya Walter dargestellt. Im genetischen Code wie im I Ging sind »alle Erfahrungen der Vergangenheit einer Spezies gespeichert, und zugleich enthalten sie keimhaft das gesamte Potential einer zukünftigen Evolution«, sagt darüber hinaus die I Ging-Expertin Hanna Moog (1992). Durch das Werfen der Münzen oder Teilen der Schafgarbenstängel können wir uns sozusagen »einschwingen« in die tiefere Struktur der kosmischen Ordnung und Auskunft über eine konkrete Frage für eine konkrete Lebenssituation erhalten. Aus diesem Grunde wird das I Ging auch ein »universeller Code« genannt.

Auch Skeptiker sind gelegentlich schockiert über die Treffsicherheit und auch über die Ironie der Antworten des I Ging, wenn es zu penetrant oder zu skeptisch befragt wird.

Diese Erfahrung machte ich vor vielen Jahren, als es um die Entscheidung ging, in ein bestimmtes Haus zu ziehen. Vordergründig gefiel mir dieses Haus sehr gut, es war sehr schön gelegen und entsprach in sehr vielen Punkten meinen Wünschen. Aber ein merkwürdiges Unbehagen blieb, ein düsteres Gefühl, das ich nicht benennen konnte. Die Zeit drängte, und ich konnte die Entscheidung nicht länger hinauszögern. Schließlich befragte ich das I Ging.

Das Zeichen, das ich erhielt, warnte eindringlich davor, zu sehr vorzupreschen: Es war das Hexagramm Nr. 39, »Das Hemmnis«, das sich zum Hexagramm Nr. 2, »Das Empfangende«, wandelte. »Das Hemmnis« warnt vor einem gefährlichen Abgrund, der vor einem liegt. Hinter einem liegt ein steiler Berg. Zunächst war ich einfach getroffen von der genauen Ortsbeschreibung. Hinter dem Haus lag tatsächlich ein Berg, und vor dem Haus ein Abgrund.

»In der Eigenschaft des Berges, stillzuhalten, liegt auch gleichzeitig ein Fingerzeig, wie man aus den Hemmnissen herauskommen kann. Das Zeichen stellt Hemmnisse dar, die sich im Lauf der Zeit einstellen, die aber überwunden werden können und sollen. Daher ist die ganze Auskunft darauf gerichtet, die Hemmnisse zu überwinden.«

Weiter heißt es, es sei eine »Gesinnung der Beharrlichkeit« erforderlich, und zwar gerade dann, »wenn man scheinbar etwas tun muss, das vom Ziel abführt. Diese unbeirrbare Richtung des Innern bringt schließlich Heil.«

Eigentlich ist ja diese Botschaft schon deutlich genug, zumal sie unterstützt wird durch das gewandelte Zeichen »Das Empfangende«. Besonders beeindruckte mich der Satz: »Hat der Edle etwas zu unternehmen und will voraus, so geht er irre; doch folgt er nach, so findet er Leitung.«

Und dennoch, ich war innerlich immer noch nicht bereit, die Botschaft anzunehmen: Es war nicht das richtige Haus. Erst im Akzeptieren dieses Hemmnisses würde sich die Lösung herausstellen, auch wenn mir dies wie ein Umweg erscheinen würde. Nein, diese Botschaft und diese Warnung vor einem voreiligen Entschluss passten mir ganz und gar nicht. Zu vieles sprach meiner Meinung nach für das Haus.

Nach einer erneuten Besichtigung fragte ich schließlich das I Ging noch einmal, obwohl ich wusste, dass dann oft die Antwort kommt: »Beim zweiten Mal verweigere ich die Auskunft.« Mein Anliegen war aber wohl ernsthaft genug, denn ich erhielt das Hexagramm Nr. 23, »Die Zersplitterung«, gewandelt zu Nr. 52, »Der Berg, das Stillhalten«. Jetzt konnte ich die Botschaft endlich in ihrer Warnung akzeptieren: »Das Zeichen stellt das Bild eines Hauses dar. Der oberste Strich ist das Dach. Indem nun das Dach zerbrochen wird, zerfällt das Haus.«

Später heißt es: »Nicht fördernd ist es, wohin zu gehen.« Ein weiterer Satz berührte mich merkwürdig, ohne dass ich ihn zunächst verstand: »Das untere Bild bedeutet die Erde, deren Eigenschaft die Fügsamkeit und Hingebung ist, das obere Zeichen bedeutet den Berg, dessen Eigenschaft die Stille ist.« Das Wort »Friedhofstille« kam mir in den Sinn.

Schließlich erfuhr ich, dass in dem Haus ein früherer Besitzer gestorben war. Die Leute, die danach im Haus wohnten, hatten sich völlig zerstritten. Nun verstand ich die düstere Ahnung, die ich trotz der äußeren Schönheit des Hauses gehabt hatte. Als ich dann zusätzlich erfuhr, dass das Haus in unmittelbarer Nähe eines früheren Schlachtfeldes stand, wo vor vielen Jahren Tausende gestorben waren, war endlich die Entscheidung klar: An einem Abgrund, in dem so viele Menschen sich gegenseitig umgebracht hatten, konnte ich nicht leben.

Selbstverständlich kann man nun einwenden, das sei eine im Nachhinein zurechtgebogene Interpretation einer längst entschiedenen Tatsache. Hier allerdings geht es um tief empfundene subjektive Wahrheit, um ein Gefühl der Richtigkeit, das auch nach Jahren noch Bestand hat, zumal aus dem »Nicht-Handeln« heraus sich einige Zeit später die Lösung von selbst entwickelte, und zwar in einer so positiven Weise, wie ich es nicht für möglich gehalten hätte. Der Umweg führte also zum Ziel.

Dass Häuser ihr Schicksal haben, ist in der Weisheit vieler Völker seit jeher verankert und kommt beispielsweise nun auf dem Umweg über Südostasien mit dem »Feng Shui« nach Europa zurück. In dieser Lehre von der Harmonie der Elemente in Wohnungen und Häusern ist ein Anklang an Synchronizität zu finden: Harmonie in der Wohnsituation befördert die seelische Harmonie und beeinflusst das Schicksal positiv, so wie Disharmonie das Schicksal und die seelische Entwicklung hemmend beeinflusst. Wie innen, so außen, wie außen, so innen.

9 Synchronizität der Synchronizität

Über Synchronizität zu sprechen, über sie zu lesen oder sich gedanklich mit diesem Thema zu beschäftigen scheint synchronistische Erlebnisse nach sich zu ziehen. In früheren Kapiteln wurde diese Beobachtung schon erwähnt, und etliche Beispiele, die unter anderen Kategorien berichtet wurden, enthielten diesen Aspekt. Im Folgenden soll nun noch einmal gesondert auf diesen komplexen Bereich eingegangen werden. Bei der Arbeit zum Thema Synchronizität erlebte auch ich eine Fülle von fast schon alltäglichen synchronistischen Verdopplungen oder Vervielfältigungen, von denen ich nur einige berichten kann.

Vielleicht haben auch Sie – womöglich beim Lesen dieses Buches – schon Ähnliches erlebt?

Der Götterbote wird frech

Ich saß im Wartezimmer eines Orthopäden, weil ich mir den Fuß verstaucht hatte und nur noch hinken konnte. Das Wartezimmer war sehr voll, ich richtete mich auf eine längere Wartezeit ein und nutzte dies, indem ich Fachliteratur las: Das Buch von Combs/Holland über Synchronizität, und zwar das Kapitel über Hermes, den Schelm, den Götterboten. Zwischendrin blickte ich auf und sah, dass die Frau, die mittlerweile neben mir saß, ausgerechnet das Buch »Ein Gott der

Frechheit« von Sten Nadolny las. Dieses Buch handelt davon, wie sich Hermes, der Götterbote in der heutigen Zeit unter die Menschen mischt! Dann wurde die Frau zum Röntgen geholt. Bei ihrer Rückkehr ins Wartezimmer war der einzige freie Platz genau mir gegenüber, und sie setzte sich dorthin. Kurz darauf wurde ich zum Röntgen gerufen. Bei meiner Rückkehr wiederum war der einzige freie Platz neben ihr. Wir wurden sozusagen durcheinander gewürfelt, auf Reisen geschickt und saßen schließlich beide wieder nebeneinander: zwei Hinkende, die über den Götterboten lasen, der mit Flügeln an den Füßen reist! Welch eine perfide Ironie, die aber doch zum Lachen war! Da fand ich es geradezu tröstlich, dass Sten Nadolny auch ein Buch mit dem Titel »Die Entdeckung der Langsamkeit« geschrieben hat ...

In vielen Mythologien und Legenden bedeuten die hinkenden Helden einen Zyklus, in dem das Alte beendet wird und etwas Neues beginnt. Hinken kann auch bedeuten, dass etwas in der Seele noch auf Entwicklung harrt. Auch Hephaistos ist ein hinkender Gott, sogar ein »doppelt hinkender« Gott. Er wurde lahm geboren, und später packte Zeus ihn bei einem Streit am Bein und warf ihn den Himmel hinunter.

In Nadolnys Buch ist Hermes von Hephaistos an einem Krater angeschmiedet und wird 1990 durch ein Erdbeben befreit. Gleich am Anfang ist die Rede davon, wie lästig es für die Götter sein kann, unsterblich zu sein, weil beispielsweise die Gelenke Ärger machen ... Und der arme Hermes, der so lange unbeweglich war, muss mühsam wieder seine Füße in Gang bringen.

Auch ich befand mich in einem Übergang, und ich hatte mich nach längerer Bewegungslosigkeit im wahrsten Sinne des Wortes zu schnell bewegt. Aber noch mehr als die für mich persönlich wichtige Symbolik faszinierte mich hier das mehrfach verflochtene Muster von der Synchronizität der Synchronizität.

Und wie zur Warnung, das Thema Hermes nun nicht wortwörtlich und zu ernst zu nehmen, fand ich in Nadolnys Schelmenroman eine hervorragende Ergänzung zu dem eher wissenschaftlichen Buch von Combs/Holland, die Hermes sehr ernsthaft wie eine reale Person behandeln.

Gleich am Anfang seines Buches macht Nadolny sich in schelmenhafter Weise lustig darüber, dass Hermes in den neunziger Jahren im Westen in modischer Weise in verschiedensten Bereichen vereinnahmt wird:

»Im Europa des Frühjahrs 1990 fiel so etwas wie eine Götterdämmerung auf, und zwar eine morgendliche des Aufbruchs. Von Mythen war mehr die Rede als in den letzten zwei Jahrtausenden zusammengenommen, von der Wiederverzauberung, den Metamorphosen, Erhabenheit und letzten Welten, vor allem eben von Göttern. Und einige begannen sich auch an Hermes zu erinnern, obwohl er offensichtlich nichts zum Aufleben seines Kults beitrug.« (S. 16)

Neben den bereits erwähnten Namengebungen, für die Hermes oder sein »römisches Pseudonym« Merkur herhalten müssen, bemerkt Nadolny immer häufiger Hermes als Figur in Büchern und philosophischen Abhandlungen: »Tauchte er vielleicht doch wieder auf, der Gott der Kaufleute, Diebe, Redner und Ringer, Hermes, der Seelenführer im Totenreich und Götterbote mit den Flügeln an Hut und Sandalen? Der Gott des Sprungs, des raschen Griffs, des glücklichen Fundes und der Frechheit – war er im Kommen?« (S. 18)

Bei allem Ernst die ironische Distanz wahren, sich über sich selbst lustig machen, sogar über das Hinken ... und in alledem Synchronizität gleich mehrschichtig vorgeführt zu bekommen – es war eine lehrreiche Zeit im Wartezimmer!

Synchronizitätsvorträge tragen ihr Thema selbst vor

Alan Vaughan, der für diese Erlebnisse überhaupt erst den Begriff »Synchronizität der Synchronizität« prägte, berichtet in seinem Buch über mehrere Vorfälle dieser Art. Wenn er beispielsweise einen Vortrag über Synchronizität hält, kann er fast sicher sein, dass um den Vortrag herum etwas Synchronistisches geschieht.

Ähnlich erging es mir vor einiger Zeit bei der Vorbereitung eines solchen Vortrags auf eine recht amüsante Weise. Ich hatte gerade den Satz geschrieben »Aber es gibt Synchronizität auch in einer negativen, verhängnisvollen Form«, da klingelte der Briefträger. Unter anderem lag in der Post die Einladung zu einer Dichterlesung mit Irina Korschunow über ihr Buch »Ebbe und Flut«. Der erste Satz des Textes lautete: »Vieles ergibt sich aus Zufällen. Manchmal entpuppen sie sich als Wunder, manchmal als Verhängnis.«

Nicht nur, dass es fast der gleiche Satz war, den ich gerade geschrieben hatte – der Inhalt befasste sich mit Synchronizität und wurde auf synchronistische Weise verdoppelt und bestätigte das Phänomen des sinnvollen Zufalls gerade dadurch. »Selbstreferente Systeme« werden solche Phänomene genannt, die in dem, wie sie wirken, das, was sie tun, bestätigen.

Besonders beeindruckend war für mich während der Vorbereitung des Vortrags eine weitere mehrfache Synchronizität der Synchronizität. Das anfänglich erwähnte Buch von Vaughan bringt viele Beispiele, die genau in jenen Jahren in San Francisco oder Berkeley spielen, in denen ich dort lebte. Beim Lesen in Vorbereitung des Vortrages fiel mir die auf Seite 69f. geschilderte synchronistische Begebenheit ein, die zur selben

Zeit dort stattfand und die mir nach dem USA-Aufenthalt zu meiner neuen Arbeitsstelle in Deutschland verhalf. Mein damaliger Chef lebt mittlerweile in einer anderen Stadt. Ich hatte längere Zeit nichts von ihm gehört und fragte mich, wie es ihm wohl gehen möge.

Vaughan schildert in seinem Buch unter anderem eine synchronistische Begebenheit aus der Zeit seines Studienaufenthaltes in Deutschland. Sie spielt genau in der Stadt, in der mein ehemaliger Chef jetzt lebt und in der auch die wissenschaftliche Gesellschaft, für die ich den Vortrag halten sollte, ihren Sitz hat. Das fand ich merkwürdig.

Während ich all das las, klingelte das Telefon: Mein früherer Chef rief aus genau diesem Ort an. Er habe gerade an mich gedacht und wolle mal schauen, wie es mir gehe! Es war, als laute die Botschaft: »Das Unwahrscheinliche existiert wirklich. Das, was du gerade liest, erschafft sich selbst in diesem Moment.« Es war tatsächlich ein magischer Moment, in dem die Zeit stillzustehen schien. Ich fühlte mich im Einklang mit den tiefen Schichten des Lebens, die alle Menschen in zeitloser Weise verbinden.

Diese Synchronizität der Synchronizität setzte sich während der Vorbereitung und beim Schreiben dieses Buches fort.

Boten der Synchronizität: Rosenkäfer und Gottesanbeterin

Eine Fülle von synchronistischen Erlebnissen begleitet seit mehreren Jahren den Briefwechsel mit Wilhelm Gauger, von dem in diesem Buch schon mehrfach die Rede war. Zum einen sind es »einfache« synchronistische Phänomene, zum anderen aber auch höchst komplexe Abläufe und Symbole, die sich als

»Synchronizität der Synchronizität« interpretieren lassen. Wie ein sich selbst organisierender Tanz tauchen hier manchmal archetypische Symbole auf, die eine Aura des Numinosen, des Göttlichen schaffen und Erlebnisse hervorbringen, die durchaus religiös zu nennen sind. Sie vermitteln auf einer sehr tiefen Ebene das letztendlich Unaussprechliche.

Sehr eindrucksvoll erlebte ich diese Botschaft mehrmals, als es um das Thema »Rosenkäfer« ging. Dafür ist es unumgänglich, auf die berühmte »Rosenkäfer-Episode« bei Carl Gustav Jung einzugehen. Sie stellt einen der frühesten Berichte über Synchronizität dar: »*Eine junge Patientin hatte in einem entscheidenden Moment ihrer Behandlung einen Traum, in welchem sie einen goldenen Skarabäus zum Geschenk erhielt. Ich saß, während sie mir den Traum erzählte, mit dem Rücken gegen das geschlossene Fenster. Plötzlich hörte ich hinter mir ein Geräusch, wie wenn etwas leise gegen mein Fenster klopfte. Ich drehte mich um und sah, dass ein fliegendes Insekt von außen gegen das Fenster stieß. Ich öffnete das Fenster und fing das Tier im Fluge. Es war die nächste Analogie zu einem goldenen Skarabäus, welche unsere Breiten aufzubringen vermochten, nämlich ein Scarabeide (Blatthornkäfer), Cetonia aurata, der ›gemeine Rosenkäfer‹, der sich offenbar veranlasst gefühlt hatte, entgegen seinen sonstigen Gewohnheiten in ein dunkles Zimmer gerade in diesem Moment einzudringen. Ich muss schon sagen, dass mir ein solcher Moment weder vorher noch nachher je vorgekommen, ebenso wie auch der damalige Traum der Patientin ein Unikum in meiner Erfahrung geblieben ist.*«
(C. G. Jung, GW 8, § 478, 1985)

An anderer Stelle berichtet Jung, dass seit diesem Ereignis die Therapie dieser Patientin, die ins Stocken geraten war, große Fortschritte machte.

Bedeutsam ist dieses Symbol des Rosenkäfers aus tiefenpsychologischer Sicht, weil der Rosenkäfer in der altägyptischen

Mythologie die immer wiederkehrende Bahn der Sonne symbolisiert. Die Dungkugel, die er (wie der hiesige Mistkäfer) rollt, symbolisiert die Sonne, ohne Anfang und Ende, oben und unten. In diese Kugel, die ein Endprodukt des Lebensprozesses ist, werden die Eier gelegt. Auf diese Weise entsteht wieder neues Leben aus dem Abfallprodukt des Lebens, und somit symbolisiert der Skarabäus die Schöpfung, göttliche Weisheit, Unsterblichkeit, die Vorsehung, die die Kräfte der Natur ordnet. Aus tiefenpsychologischer Sicht symbolisiert der Skarabäus eine totale Erneuerung des Bewusstseins.

Hier nun meine eigenen Erfahrungen mit Käfern und anderen Tieren: Am 3. 10., wenige Tage bevor ich Herrn Gauger nach langem Briefwechsel persönlich kennen lernte, las ich eine Geschichte von Edgar Allan Poe (*Der Goldkäfer*). Der Goldkäfer wird in dieser Geschichte auch als ein großer Skarabäus bezeichnet. Er hat eine merkwürdige, für einen Skarabäus ungewöhnliche Zeichnung, die an einen Totenkopf erinnert. In der Geschichte geht es um eine eigenartige Verknüpfung von Zufällen, die schließlich dazu führen, dass (nach einer Verzögerung!) ein großer Schatz und auch einige Skelette gefunden werden.

Es war ein regnerischer dunkler Nachmittag, und die Geschichte irritierte mich. Deshalb widmete ich mich einem Aufsatz von Wilhelm Gauger über das »Phänomen des sinnvollen Zufalls« (1980). Er berichtet hier unter anderem davon, dass manche Ereignisse parallel zu etwas ablaufen, was man gerade in Büchern liest, und dass es dabei anscheinend Elemente gibt, die gehäuft auftreten.

Ich zitiere im Folgenden einen längeren Absatz aus diesem Artikel, denn erst dadurch wird das Erlebnis in seiner Gesamtheit verständlich.

»*C.G. Jung berichtet in seinem Synchronizitäts-Aufsatz von einer Patientin, der im Traum ein goldener Skarabäus zum Geschenk gemacht wurde. Während die Patientin den Traum erzählte, flog ein Rosenkäfer gegen die Scheibe ... Am Montag, dem 17. Juni 1974, besuchte ich in Berlin das Insektarium des Zoos, und mir fielen dort Zweige auf, die dicht mit afrikanischen Rosenkäfern besetzt waren. Mittags hielt ich mich auf dem Balkon der Wohnung auf, als sich plötzlich mit gewaltigem Brummen ein fliegendes Insekt zwischen den Wänden verfing, hin und her prallte und am Boden zur Ruhe kam: ein einheimischer Rosenkäfer. Ich hatte noch nie zuvor einen gesehen.*

An einem anderen Tag (8. Juni 1976) trug ich mich mit dem Gedanken, zur Unterstützung eines bestimmten Vorhabens zwei Bekannte anzurufen. Ich war mir noch nicht schlüssig, als ich von einem schon einen Anruf erhielt und im selben Moment vom anderen ein Brief eingeworfen wurde – mit beiden hatte ich lange keinen Kontakt gehabt. An diesem Tag las ich in Tanz des großen Hungers *von Laurens van der Post von der zu den Heuschrecken zählenden Gottesanbeterin oder Mantis, die dem Verfasser in Träumen und synchronistischen Konstellationen gerade als Leitmotiv begegnete und zu der Begegnung mit dem Andenken eines Buschmannes führte; für die Buschmänner ist die Mantis ein Tier von geradezu göttlicher Natur und wird auch als Orakel verwendet. Am selben Tag holte ich aus der Buchhandlung* Menschenforschung auf neuen Wegen *von Irenäus Eibl-Eibesfeld ab, in dem ebenfalls von Buschmännern die Rede ist. Ist es nun ein Wunder, dass mir an diesem Tage früh auf der Treppe in einer Parkanlage ein Warzenbeißer (Pecticus verrocivorus), ebenfalls eine Heuschrecke, begegnete, gleichsam als nächste Analogie zur Gottesanbeterin, welche unsere Breitengrade aufzubringen vermochten, wie der Rosenkäfer den Skarabäus vertritt? Im übrigen lag am selben Tag nachmittags ein Rosenkäfer auf dem Balkon! Ich hatte seit dem Vorfall von 1974 und habe auch seither keinen mehr gesehen. Sollte es sich bei Skarabäus und Mantis (bzw. bei Rosenkäfer und Warzenbeißer) um Tiere handeln, die mit dem Phänomen des sinnvollen Zufalls in der Weise eng verwandt sind wie manche Bücher?* (S.170/171)

Zurück zu dem verregneten Nachmittag, an dem ich all dies las. Es war übrigens der 3. 10. 93, der »neue« Tag der deutschen Einheit. Ein Teil der zitierten Gauger-Erlebnisse fand statt am 17. 6., dem »alten« Tag der deutschen Einheit! Bedeutsam oder nicht – der 17. Juni war der symbolische Vorgriff auf den nunmehr tatsächlichen »Tag der deutschen Einheit« am 3. Oktober: Eine Erneuerung, eine »Wiedergeburt« auf politischer Ebene hatte stattgefunden, die auch fast an ein Wunder grenzte.

Während ich las, flog plötzlich mit einem lauten Klopfgeräusch ein großer, sehr schöner Käfer an mein Fenster und versuchte hereinzukommen. Es war kein Rosenkäfer, aber er hatte eine sehr eigenartige Zeichnung, die mich an die Geschichte von Edgar Allan Poe erinnerte (siehe Seite 183).

Es schien, als ob sich das, was dort und bei Gauger geschrieben stand, in der Realität fortsetzte und bestätigte und mir bildhaft die vielen Ebenen von Synchronizität und Symbolen der Synchronizität vorführte. Ich war tief bewegt. Hier wurden Wirklichkeitsgrenzen überschritten, hier tauchte etwas »Transzendentes« auf.

Bei W. Gauger hatte ich gerade gelesen, seitdem sei *ihm* kein Rosenkäfer mehr begegnet – und dann ging bei *mir* die Serie in beeindruckender Weise weiter: Nur fünf Tage nach diesem Erlebnis las ich morgens eine Anzeige über ein Buch, ausgerechnet mit dem Titel »Die Rückkehr des Skarabäus«. Und der Skarabäus kehrte ja tatsächlich gleich mehrfach zurück. Am Abend dieses Tages lernte ich Wilhelm Gauger auf einer Tagung persönlich kennen. Einen Tag später erzählte er mir, dass er in seinem Hotelzimmer eine Heuschreckenlarve gefunden habe. Wieder tauchte hier die Heuschrecke auf als das Tier, das in unseren Breitengraden der »Gottesanbeterin« ähnelt. Die Griechen nannten dieses Tier »Mantis« und brachten es in Verbindung mit der »Manteia«, der Weissagekunst.

Ich berichtete Wilhelm Gauger dann über die erstaunliche Episode mit meiner Lektüre von Edgar Allan Poe und der seines eigenen Buches und dem Käfer. Uns beiden schien es, als seien wiederum zwei spiegelbildliche Seiten eines Phänomens zusammengekommen.

Wenige Tage später schrieb ich einen Brief an Herrn Gauger, in dem ich die Erörterung eines Themas fortsetzte, über das wir auf der Tagung gesprochen hatten: das Thema Wiedergeburt.

Anschließend ging ich zum Briefkasten, um die Post zu holen – und stolperte direkt vor unserer Haustüre über einen Rosenkäfer, der dort lag. Ich konnte es selbst kaum glauben. Ich hob ihn auf, und um sicherzugehen, verglich ich ihn exakt mit den Angaben und Bildern, die ich in Lexika fand. Ohne Zweifel – es war ein Rosenkäfer, Cetonia aurata.

Das obige Erlebnis setzte sich noch fort: Zwei Tage nachdem ich den Rosenkäfer fand und wenige Tage nachdem Heuschrecken ein Thema gewesen waren, nahm ich etwas auf Video auf. Ich machte einen Fehler bei der Programmierung – und nahm völlig ungeplant einen Bericht über *ägyptische Heuschrecken* auf, von dem ich nicht mal wusste, dass er gesendet wurde! Auch hier findet sich also wieder das Element der Verzögerung, des Umwegs, der stattfinden »musste«, damit etwas Synchronistisches zusammenpasste! Beide Tiere – Rosenkäfer (Skarabäus) und Heuschrecke (Mantis) – drängten sich regelrecht in mein Leben, wie um zu bestätigen, dass ein neuer Lebenszyklus und ein Prozess der Erneuerung begann.

Ein Jahr später tauchte dann das Symbol des Rosenkäfers erneut auf, nachdem ich einen beeindruckenden Traum gehabt hatte. Wir waren auf Reisen, und meiner Erfahrung nach sind dabei Träume noch intensiver als im Alltag. Im Traum ging es um Tod, Leben, Harmonie und Neubeginn, und in diesem Traum erzählte ich Wilhelm Gauger davon, was ich erlebt hatte. Ich »wusste« im Traum, dass er auch ohne Erklärung die Symbolik verstehen würde. Am nächsten Morgen fand ich dann draußen, direkt vor dem Hauseingang, einen Rosenkäfer!

Es mag sein, dass Sie inzwischen mehr oder weniger verwirrt sind von so vielen Realitätsebenen – deshalb mein Rat: Lassen Sie all dies einfach intuitiv auf sich wirken, und versuchen Sie nicht verzweifelt, es mit dem Verstand zu sortieren. Es kommt nämlich noch bunter. Denn während des Schreibens und Überarbeitens dieser letzten Buchseiten begegneten mir die Symbole und Themen, über die ich gerade schrieb, wiederum mehrfach in meinem Alltag:

Eines Abends sah ich direkt, nachdem ich über den Skarabäus und seine Dungkugel geschrieben hatte, eine kurze Fernsehvorschau, die zwischen zwei Sendungen eingeschoben war. Es handelte sich um die Ankündigung eines Films über den Mikrokosmos der Insektenwelt, und die Filmausschnitte zeigten einen großen Käfer in Nahaufnahme, der seine Kugel rollte ...

Und noch einmal tauchte der Skarabäus auf: In der letzten Woche, als das Kapitel fast fertig war, sprang mir der Hinweis auf ein Buch so sehr ins Auge, dass es mir bedeutsam schien. Dieses Buch von Paul Coelho heißt »Der Alchimist«. Ich las es abends, nachdem ich gerade den vorigen Absatz über den Fernsehfilm korrigiert hatte. Und ich hatte das merkwürdige Gefühl, ich könnte erst weiterschreiben, wenn das Buch zu Ende gelesen war.

Die Geschichte handelt von einem andalusischen Hirtenjungen, der einem immer wiederkehrenden Traum folgt: Er werde bei den Pyramiden von Ägypten einen Schatz finden. Nach vielen Umwegen gelangt er endlich in die Nähe seines Ziels und begreift, wie viel er auf dem Weg schon gelernt hat:

»Er brauchte seine Weisheit und seine Kunst niemandem zu beweisen. Auf dem Weg zu seinem persönlichen Lebensplan hatte er bereits alles gelernt, was er benötigte ... Nun war er bei seinem Schatz angelangt ... Er schaute zu Boden und bemerkte, dass ein Skarabäus dort herumkrabbelte ... Und er hatte in seiner Zeit in der Wüste gelernt, dass der Skarabäus in Ägypten das Symbol für Gott ist. Wieder ein Zeichen!« (S. 167).

Die archetypischen Symbole bilden immer wieder Muster, die sich mit dem Leben dessen verschränken, der sie wahrnimmt. Diese Wahrnehmung gelingt aber nicht mit dem Intellekt, sondern eher unter Ausschaltung der rationalen Kontrolle. Wohlgemerkt: »Ausschaltung« setzt voraus, dass überhaupt eine rationale Kontrolle vorhanden ist. Nur wer selbstkritisch der Stabilität dieses rationalen Kerns in sich vertrauen kann, sollte sich auf das Wagnis einlassen, ihn auszuschalten. Wo Rationalität nicht vorhanden ist, wird ausschließlich intuitive Wahrnehmung gefährlich und kann zu psychotischer Realitätsverzerrung führen.

Doch wenn Ihnen unter Beachtung dieser Warnung auf Ihrer inneren Reise ein Skarabäus, ein Rosenkäfer, eine Heuschrecke oder eine Gottesanbeterin begegnen, wissen Sie ohnehin, was gemeint ist.

So erging es dem Mythologen Joseph Campbell, der seinerseits über eine erstaunliche Synchronizität der Synchronizität berichtet, in der eine Mantis (Gottesanbeterin) als Symbol auftaucht. »Wir wohnen in New York in einem Apartment im vierzehnten Stockwerk ... Das letzte, womit man in New York rechnet, ist der Anblick einer Gottesanbeterin. Die Gottesanbeterin spielt die Rolle des Helden in den Mythen der Buschmänner. Ich arbeitete damals gerade an meinem Buch über die Mythologie der Buschmänner, in der die Gottesanbeterin im Mittelpunkt steht ... Ich las also gerade über die Gottesanbeterin – den Helden –, als ich plötzlich den Impuls verspürte, das Fenster zur Sixth Avenue zu öffnen. Ich tat es und blickte hinaus nach rechts. Da sah ich eine Gottesanbeterin das Gebäude hochspazieren! Sie hatte den Fensterrand erreicht und befand sich nun unmittelbar vor mir ... Sie schaute mich an und ihr Gesicht ähnelte dem eines Buschmannes. Ich schauderte. Jetzt werden Sie vielleicht sagen, das war aber ein komischer Zufall, aber ich frage Sie: Wie groß ist die Wahrscheinlichkeit, dass so etwas zufällig geschieht?« (Zitiert nach Stanislav Grof, 1987.)

Als ich das las, dachte ich an das von Gauger erwähnte Buch »Der Tanz des großen Hungers« von Laurens van der Post, in dem es um die Bedeutung der Gottesanbeterin für die Buschmänner geht. Und der Tanz ging weiter ...

Der Tod eines großen Geistes

Bei der Suche nach einem bestimmten Beispiel bei Alan Vaughan stieß ich auf eine Schilderung, nach der ich gar nicht gesucht hatte, die mich aber aus irgendeinem Grunde sehr fesselte. Er zitierte eine Begebenheit, die Laurens van der Post in seinem Buch über Carl Gustav Jung geschildert hatte.

Van der Post drehte Jahre nach Jungs Tod einen Film über ihn. Der Film war fast fertig. Eine der letzten Szenen wurde in Jungs altem Haus gedreht. Einer der Kameramänner sagte, er habe das Gefühl, als schaue Jung ihm die ganze Zeit über die Schulter. Den anderen war es auch so ergangen, wie sich herausstellte. Nachmittags wurden noch einige Szenen in Zürich gedreht, und auf dem Rückweg zu Jungs Haus entstand aus heiterem Himmel ein schweres Gewitter. Das Team beeilte sich, die Schlussszene im Garten zu drehen, in der Laurens van der Post noch über Jungs Tod berichten wollte. Er hatte gerade begonnen, zu erzählen, wie direkt nach Jungs Tod ein schweres Gewitter aufkam und in seinen Lieblingsbaum einschlug – genau da schlug der Blitz in genau diesen Baum ein ... all dies wurde gefilmt und ist nachprüfbar.

Mir fiel in diesem Moment ein, dass ich das Buch von Laurens van der Post, aus dem Alan Vaughan zitierte, selbst besitze. Ich hatte es jedoch seit mehreren Jahren nicht mehr angeschaut. Also nahm ich es aus dem Regal und las dann dort im Original noch einmal den ausführlichen Bericht und außerdem über seine Vision, in der ihm Jung begegnet war. Am Tag nach dieser Vision erfuhr Laurens van der Post, dass Jung am vorigen Tag genau zu dieser Zeit gestorben war.

Ich markierte diese beiden Stellen und legte das Buch bereit, um am nächsten Morgen weiter darin zu lesen.

Als ich es am nächsten Tag in die Hand nahm, kam exakt in diesem Moment im Radio die Nachricht, dass Laurens van der Post gestorben sei – an dem Tag, an dem ich seine Berichte um Jungs Tod herum gelesen hatte ...

Die vielen Synchronizitätsebenen, die auch dieses Erlebnis hat, will ich nicht rational analysieren. Es erscheint mir nicht angemessen.

Neben diesen wirklich bewegenden Erlebnissen von »Synchronizität der Synchronizität« gab es eine Fülle kleinerer solcher Begebenheiten, die mich bei der Erforschung und beim Beschreiben des Themas Synchronizität fast alltäglich begleiteten. Dies klang an einigen Stellen bereits an. Möglicherweise haben auch Sie bei der Lektüre dieses Buches solche Beobachtungen gemacht und selbst einiges erfahren, von dem Sie hier gelesen haben. Nehmen Sie sich Zeit, den Sinn zu ergründen, der für Sie und Ihren Lebensweg darin liegt. Wenn Sie noch keinen Sinn erkennen können, schreiben Sie die Erlebnisse auf, und vertrauen Sie darauf, dass sich der Sinn später erschließen wird.

10 Mut zur Lücke: Von Überheblichkeit und Demut

Zentrales Element der Synchronizität ist, wie wir immer wieder gesehen haben, die Überschreitung von Grenzen zwischen vielen Bereichen in mannigfaltiger Form: Entscheidungen, Ortsveränderungen, Reisen, Vergangenheit und Gegenwart, Gegenwart und Zukunft, Innen und Außen, Realität und Traum, Irdisches und Transzendentes. Sich auf diese verschiedenen und doch miteinander verbundenen Ebenen einzulassen birgt auch Gefahren. So soll dieses letzte Kapitel nach den »Höhenflügen« wieder auf den Boden zurückführen und Balance schaffen.

Die Gefahren der Inflation: Nicht jede Seelenblähung hat einen tieferen Sinn

In diesem Buch wurde mehrfach darauf hingewiesen, wie wichtig es ist, synchronistische Erlebnisse differenziert zu betrachten, sie mit der Distanz des »Als-ob« anzuschauen und bei allem Sich-Einlassen nicht einer vollständigen Identifikation zu verfallen. Das bedeutet auch, nicht alles und jedes in Beziehung zueinander zu setzen und nicht überall Zusammenhänge zu vermuten.

In der jungianischen Psychologie gibt es den Begriff der »Inflation«. Wörtlich übersetzt heißt er »Aufgeblasenheit«. Damit ist eine mehr oder weniger ausgeprägte Identifikation mit Inhalten des kollektiven Unbewussten gemeint, mit archetypischen Symbolen, wie sie unter anderem auch in synchronistischen Erlebnissen zu finden sind. C.G. Jung beschreibt diesen Zustand folgendermaßen: »Inflation ist ... ein Unbewusstwerden des Bewusstseins. Dieser Fall tritt ein, wenn letzteres sich an Inhalten des Unbewussten übernimmt und die Unterscheidungsfähigkeit ... verliert.« (GW 12 § 563) Dabei ergreift ein archetypischer Inhalt die Seele »mit einer Art Urgewalt« und nötigt zur Überschreitung des menschlichen Bereiches. Er veranlasst Übertreibung, Aufgeblasenheit (Inflation!), Unfreiwilligkeit, Illusion und Ergriffenheit im Guten wie im Bösen. (GW 7, § 110)

Zur Verdeutlichung: Wenn beim Theater ein Schauspieler eine Rolle spielt, identifiziert er sich mit dem jeweiligen Charakter, »schlüpft in die Rolle hinein«, weiß aber, dass die Rolle lediglich eine Hülle ist. Er kann *unterscheiden* zwischen seiner Rolle und seiner eigenen Persönlichkeit. So sehr er in der Rolle »aufgehen« mag, bleibt er er selbst und verlässt die Rolle nach Ende der Vorstellung. Würde sich ein Schauspieler so mit der von ihm dargestellten Person identifizieren, dass er sich beispielsweise für König Lear hielte, dann wäre etwas Ähnliches gegeben wie bei der von Jung geschilderten Inflation. Die beliebten »Irrenwitze« illustrieren dieses Verwischen von Grenzen, diese Unfähigkeit zum *Unterscheiden*, sehr exakt.

Oder schauen wir das Spiel von Kindern an. Wilhelm Gauger weist darauf hin, dass »jedes *Spiel* ... ›uneigentlich‹ vom praktisch-realistischen Standpunkt von Kindern aus (ist). Kinder, die ›Räuber und Gendarm‹ spielen, sind solche ja nicht ›in Wirklichkeit‹. Beschäftigung mit dem Paranormalen ist auch eine Beschäftigung mit dem ›Uneigentlichen‹.« (1980, S. 105)

Kinder reagieren sogar empört, wenn besonders wohlmeinende Erwachsene ihnen vormachen, sie würden das Spiel ernst nehmen. »Ich bin doch nicht *in echt* ein böser Räuber.« Sie können genau zwischen »*in echt*« und »*als ob*« unterscheiden, wenn sie zum Beispiel einem Erwachsenen, der das Spielen verlernt hat, beibringen: »Also, du *wärst* jetzt der Prinz, und ich *wäre* die Prinzessin.« Im Gebrauch des Konjunktivs lässt sich für dem Umgang mit Synchronizität von Kindern einiges lernen.

In diesem Sinne ist selbst das Wörtlichnehmen von Symbolen, wie wir es im assoziativen »Ausspinnen« an einigen Stellen dieses Buches angewandt haben, im Konjunktiv zu sehen. Es erfolgt lediglich als *Versuch* des Verstehens und hat nur mit dem *Vorbehalt* des »Als-ob« seine Berechtigung.

Gauger beschreibt für den Umgang mit Romanen eine ähnliche notwendige Distanzierung, die sich auch auf den Umgang mit Synchronizität übertragen lässt: »So ist ... auch eine Romanhandlung ›uneigentlich‹, selbst wo sie dokumentiert. Wer nicht mitspielen kann, landet im Okkultismus, im Machtwahn, in der Sucht, im Dogmatismus oder in der sturen ›Nüchternheit‹ ...« (1980, S. 106) Romanfiguren handeln wie reale Personen, aber sie sind keine realen Personen. Die Landkarte ist nicht das dargestellte Land, das Bild ist nicht das, was es zeigt. René Magritte stellte diesen Sachverhalt ironisch dar mit einem berühmten Bild, das eine Pfeife abbildet. Unter der Pfeife steht: »Ceci n'est pas une pipe« – »Dies ist keine Pfeife.«

Jemand, der diese Differenzierung nicht vollzieht und sich mit den Inhalten des eigenen Unbewussten oder den archetypischen Elementen synchronistischer Erlebnisse völlig identifiziert, verhält sich wie der Kunde und der Maler im folgenden Witz: Der Kunde gibt ihm ein »*wirklich* surrealistisches« Bild in Auftrag. »Ein schwieriger Auftrag«, denkt der Maler. Der Kunde ist bei der Enthüllung verwirrt und enttäuscht. Das Bild zeigt eine detailreiche Wiese mit einem Weg, der in den Wald führt. Das Ganze ist so konkret gezeichnet, dass man wie auf einer Fotografie jeden Grashalm erkennen kann. »Das ist doch kein surrealistisches Bild!«, meint der Auftraggeber. »So, meinen Sie?«, fragt der Maler. Er betritt den Weg, geht den Weg in Richtung Wald, wird kleiner und kleiner und verschwindet schließlich im Wald. (Zitiert nach Trenkle.)

Der Größenwahn, der sich total identifiziert, hat ein Verschwinden der eigenen Substanz zur Folge, den Verlust der Realität, ein tatsächliches Verschwinden im Irrealen. Wer alles für »bare Münze« nimmt, landet im Wahn. »Inflation« auf dem Geldmarkt heißt: Der äußere Schein vergrößert sich, die Zahlen werden immer imposanter, aber die Substanz wird immer weniger.

Ähnlich ist es mit demjenigen, der einer suchtmäßigen Beschäftigung mit esoterischen Themen erliegt: Alles wird zu hehrer Bedeutung aufgebläht, aber wo der Kern fehlt, schwindet die Substanz. Alles kreist um »tiefe« Erlebnisse, die weniger Erleuchteten selbstverständlich nicht zugänglich sind. So wird selbst die banalste Begebenheit im Heiligenschein der eigenen bedeutsamen Wahrnehmung überhöht und Ironie als Beleidigung empfunden. Doch wie wir in diesem Buch sahen, kann es auch im synchronistischen Bereich gelegentlich derb zugehen, und von der Ironie des Hermes haben wir einige Kostproben genossen.

Die folgende Geschichte karikiert wunderbar jene Haltung, die überall Diagnosen von Zusammenhängen stellen möchte und das Naheliegende übersieht. Sie lässt sich ebenso gut auf übereifrige Synchronizitätsbegeisterung anwenden: Ein Neurologe, ein Orthopäde und ein Psychiater gehen spazieren. Auf der anderen Straßenseite sehen sie einen Mann mit einem merkwürdigen Gang. Sagt der Neurologe: »Typischer Fall von Zerebrallähmung.« Hält der Orthopäde dagegen: »Nein, nein, xy-Syndrom.« Der Psychiater: »Typisch Organmediziner, sieht die psychosomatischen Zusammenhänge nicht!« Der Mann auf der anderen Straßenseite ist stehen geblieben und schaut sich suchend um und sagt: »Ich bin selbst Arzt, und alle Ihre Diagnosen sind falsch. Wo um Himmels willen ist die nächste Toilette?« (Zitiert nach Trenkle.)

Der beste Experte für Ihre eigenen Erlebnisse sind Sie selbst – und zwar immer dann, wenn Sie auch die Banalitäten Ihrer Existenz wahrnehmen und sich nicht von selbsternannten Esoterik-Experten Bedeutungen aufschwatzen lassen, wo keine sind. Nur mit diesem geschulten Blick auf das Banale können Sie das wahrhaft Bedeutsame unterscheiden. Wo nicht unterschieden wird, wird Bedeutung wertlos, inflationär und rechthaberisch.

»Ein aufgeblasenes Bewusstsein ist immer egozentrisch und nur seiner eigenen Gegenwart bewusst. Es ist unfähig, aus der Vergangenheit zu lernen, unfähig, das gegenwärtige Geschehen zu begreifen, und unfähig, richtige Schlüsse auf die Zukunft zu ziehen. Es ist von sich selbst hypnotisiert und lässt darum auch nicht mit sich reden ...« (C.G. Jung, GW 12, § 363)

Auch der jungianische Psychotherapeut Lutz Müller warnt in seinen Arbeiten über Hermes und Magie vor allzu viel Bedeutungsschwere. Man würde dem Phänomen gerechter, »wenn man akzeptierte, dass neben aller vermuteten Bedeutungshaltigkeit ... auch ebenso viel Bedeutungslosigkeit zu finden ist, dass sie nichts anderes sind als ein Jux, eine Laune, ein Spiel des Lebens. Der Trickster-Archetyp verbindet Sinn mit Unsinn«. (1981, S. 175) Auch Marie-Louise von Franz betont in »Psyche und Materie« die Vorsicht, »in alle möglichen Dinge einen synchronistischen Sinn hineinzudeuten, wo gar keiner vorhanden ist ... Ich habe ... darauf hingewiesen, dass hier eine Gefahr für Schizophrenie besteht«. (1988, S. 317) C.G. Jung spricht in diesem Zusammenhang von *disziplinierter Imagination* im Unterschied zu *unumschränkter Assoziation*. Disziplin heißt Einhaltung von Grenzen, heißt, sich einer Ordnung zu fügen, auch und gerade wenn man sich auf Grenzüberschreitendes einlässt.

Es bedeutet letztendlich auch eine Demut gegenüber dem Göttlichen, während der »aufgeblasene« Umgang mit dem Transzendenten die Grenzen überschreitet und zu Allmachtsphantasien neigt. Im religiösen Sprachgebrauch heißt das: Der Mensch will so sein wie Gott. Oder aber – das ist die traurige Kehrseite der Überschwemmung der Seele – er wird zum Opfer der Geister, die er rief, landet im psychotischen Beziehungswahn und sieht sich umstellt und verfolgt von allerlei Wesen aus einer »anderen Welt«. In einem solchen Falle mag es hilfreicher sein, rechtzeitig »auf den Boden zurückzukommen«, als in langwierigen Höhenflügen nach Lösungen zu suchen:

Ein Mann geht zum Psychotherapeuten. »Ich glaube, ich bin verrückt. Jede Nacht kommen wilde Tiere unter mein Bett und toben dort laut herum.« Der Psychotherapeut will nun die ganze Lebensgeschichte erfragen, aber der Patient will erst einmal wissen, wie lange so eine Therapie dauert und was sie kostet. Der Therapeut: »Zunächst einmal müssen wir 80 Stunden veranschlagen. Die Stunde kostet 100 DM.« Daraufhin der Patient: »*So* verrückt bin ich nun auch wieder nicht.« Nach einigen Wochen treffen sich der Mann und der Therapeut zufällig in der Stadt. Der Therapeut fragt ihn, wie es ihm gehe. Der Mann: »Mir geht es prächtig, mein Schwager hat mich in einer einzigen Stunde geheilt.« »Oh, Ihr Schwager ist Therapeut?« »Nein, Schreiner. Er hat einfach die Beine am Bett abgesägt.«

Lob des Seitenblicks: Wir können und sollen nicht alles wissen

Der Schreiner konzentriert den Blick nicht über 80 Sitzungen hinweg auf das Problem, sondern erfasst in einem »Augen-Blick« das Problem auf seine Weise und gibt sich wie der Patient mit einer pragmatischen Lösung zufrieden.

Wenn man mit zu scharfem Blick auf etwas starrt, ermüdet das Auge, und die Wahrnehmung verschwimmt. Schließen wir andererseits die Augen, besteht die Gefahr, dass wir uns nur noch mit der Wahrnehmung der eigenen Befindlichkeit befassen. In manchen Formen der Meditation wird gelehrt, mit »weichem Blick« zu schauen, weder die Augen zu schließen noch sie starr auf einen Punkt zu richten und die Wahrnehmung sowohl konzentriert zu lassen wie auch frei fließend.

Ähnlich sollte der Umgang mit dem Thema Synchronizität idealerweise sein. Hinschauen, aber nicht starren. Den eigenen Gefühlen nachspüren, aber immer im Hinblick auf das größere Ganze. Zusammenhänge erkennen, aber sie nicht dogmatisch vertreten. Synchronizität macht uns gleichzeitig aufmerksam auf die Verbindung zwischen allem, was *ist*, und sie weist uns gleichzeitig auf den steten *Wandel* hin. Synchronizität ereignet sich spontan und lässt sich weder produzieren noch festhalten. Wie sollte sie also jemals klar definiert werden können, in naturwissenschaftliche Kategorien gepresst, die dazu dienen, sich »die Erde untertan« zu machen?

Der Versuch, Synchronizität bis ins Letzte zu erklären, muss scheitern, da ihr Wesen die Grenzüberschreitung, die Bewegung ist. Bewegung lässt sich nicht in starren Prinzipien erklären. Die verbissene Bemühung, eine Weltformel zu finden, in der auch sie ihren Platz hat, führt sich selbst ad absurdum. Leben ist nur in Bewegung möglich, und eine genaue Erklärung, wie Synchronizität denn nun »funktioniert«, widerspricht dem Wesen der Synchronizität.

Der menschlichen Neugier sind Grenzen gesetzt, und Fausts Versuch, zu »erkennen, was die Welt im Innersten zusammenhält«, ist zum Scheitern verurteilt. Selbst die Orakel, die wissen sollen, was dem normalen Bewusstsein nicht zugänglich ist, deuten nur an und lassen vieles offen. Der vollständige Sinn bleibt unerkennbar, auch Orakel zeigen immer nur Fragmente. Vollständigkeit hieße Erstarrung, und im I Ging erfolgt immer dann der Umschlag von Yin in Yang und umgekehrt, wenn der Höhepunkt erreicht ist. Ein vollständiges Yin ist nicht vorstellbar, es braucht als Er-gänz-ung das Yang (und umgekehrt). Keines ist je für sich genommen je ganz. Immer bleibt Bewegung, und wo Bewegung ist, bleibt immer eine Lücke, zumindest in der Wahrnehmung.

Im Tao te King, dem *Buch vom rechten Wege und von der rechten Gesinnung* von Lao-tse, wird das Nichts, die »Lücke« sogar als elementar für alles Seiende gewürdigt:

> Dreißig Speichen kommen in der Nabe zusammen;
> Aus ihrem Nichtsein (dem Verlust ihres
> Einzeldaseins) entsteht der Nutzen des Rades.
> Knete ein Gefäß aus Ton:
> Aus seinem Nichtsein (der Höhlung)
> entsteht der Nutzen des Gefäßes.
> Schneide Türen und Fenster in die
> Hauswand:
> Aus ihrem Nichtsein (dem leeren Raum)
> entsteht der Nutzen des Hauses.
> Darum: Das Sein der Dinge gibt uns Vorteil,
> Und das Nichtsein der Dinge dient uns.
> (Zitiert nach Yutang, S. 71/72)

Welche Vermessenheit, wollten wir das Wesen der Synchronizität total erfassen und die Lücken nicht respektieren! Paradoxerweise werden wir gerade dann mit Einsichten belohnt, wenn wir die Balance zwischen Aufmerksamkeit und Loslassen halten können, wenn wir nicht allzu genau hinschauen, sondern nur einen Seitenblick riskieren.

Wilhelm Gauger hat sich intensiv mit diesem Aspekt des »Lückenphänomens« befasst. Er diskutiert etliche Literaturstellen, in denen es um das merkwürdige Phänomen geht, dass die »wirkliche Wirklichkeit einen immer seitlich und zufällig berührt«.

In der parapsychologischen Forschung ist ein bekanntes Phänomen, dass allzu genaue Dokumentation entweder das Phänomen zum Verschwinden bringt oder aber die dokumentierende Technik versagt: Der Film ist leer, auf dem Tonband nichts zu hören. Die Phänomene entziehen sich dem starren Blick. Man bringt Kindern bei, es sei unhöflich, andere Menschen anzustarren ... möglicherweise verdient Synchronizität denselben Respekt? Seitenblicke sind höflicher und letztendlich sogar genauer. Jemand, der angestarrt wird, fühlt sich »befangen« und verändert sein Verhalten. Selbst in die Physik ist dieses Phänomen eingegangen: Die Anwesenheit des Beobachters verändert das Beobachtete.

Wer synchronistische Phänomene anstarrt, um sie bis ins Letzte zu ergründen, erlebt Ähnliches. Sie entziehen sich ihm. Wer gar auf sie lauert, um sie wissenschaftlich zu erforschen und »einzufangen«, wird sie nicht erleben. Oder aber sie in einer Form erleben, in der er nicht *geführt*, sondern *gezerrt* wird ...

Selbst die Heinzelmännchen zu Köln verschwinden, als die Frau des Hauses neugierig das Licht anzündet, um ihnen bei der Arbeit zuzuschauen. Fortan muss sie wieder alles selbst machen.

Alles erklären zu wollen – sei es esoterisch, sei es »objektiv naturwissenschaftlich« – ist überheblich. Man hebt sich über das Phänomen hinaus, wo Demut angemessen wäre. Kontrolle aufzugeben heißt nicht Wissenschaftsfeindlichkeit. Möglicherweise nicht zufällig wurden viele große Wissenschaftler umso religiöser und ehrfürchtiger, je besser sie die Geheimnisse des Kosmos entschlüsseln konnten.

»Herr, sende, was du willst« oder »Jeder ist seines Glückes Schmied«?

Combs und Holland zitieren den englischen Erzbischof William Temple: »Wenn ich bete, geschehen auf einmal Koinzidenzen. Wenn ich nicht bete, geschehen keine.« (S. 86) Beten heißt, sich *unter* ein größeres Ganzes zu stellen. »Demut« heißt »dienende Gesinnung«. Im Beten sind Bitten und Danken enthalten, ein Vertrauen in eine höhere Macht und nicht nur in sich selbst.

In den letzten Jahren hat sich demgegenüber eine spezielle Variante des »positiven Denkens« ausgebreitet. Für sich genommen ist diese Methode sinnvoll, um Lebenseinstellungen verändern zu können oder Probleme zu bewältigen: Nur wer grundsätzlich eine Lösung für möglich hält, kann auch eine finden.

Problematisch wird es jedoch, wenn diese eigentlich sinnvolle Sichtweise verbunden wird mit einem esoterischen Glücks- und Allmachtsanspruch: Wenn ich mir alles, was ich mir wünsche, genau genug vorstelle, *muss* es sich einstellen.

In einem solchen Denken werden Grenzen nicht eingehalten, es fehlt die Balance. Ernsthaft an der eigenen inneren Einstellung arbeiten ist mehr als das bloße Dahersagen von Affirmationen. Wohlgemerkt: Affirmationen können ein sehr mächtiges Hilfsmittel für Veränderung sein. Aber ohne Demut wird daraus »Aufgeblasenheit« und Größenwahn. Dahinter lauert Depression, der Verlust der Verbindung, Isolation.

Im Haus meiner Großmutter hing in einem goldenen Rahmen ein Gebet von Eduard Mörike, an dem ich in meiner Kindheit täglich mehrmals vorbeikam:

> Herr, sende, was du willst,
> Ein Liebes oder Leides,
> Ich bin gewiss, dass beides
> Aus Deinen Händen quillt.
> Wollest mit Freuden
> und wollest mit Leiden
> Mich nicht überschütten.
> Doch in der Mitten
> liegt holdes Bescheiden.

Auch hier geht es um Balance, um ein Sich-Fügen nicht nur in das Positive. Dabei handelt es sich keineswegs um puren Fatalismus, denn Bitten ist etwas Aktives. Eingebundensein in ein höheres Ganzes schließt eigene Verantwortung nicht aus, sondern fordert sie.

In diesem Bewusstsein können wir versuchen, Synchronizität zu verstehen, und bleiben dabei doch bescheiden. Denn wer Synchronizität wirklich erfahren und erforschen will, muss sich ihr letztendlich ergeben. Sie lässt sich nicht nach unseren Vorstellungen zurechtbiegen und mit »positivem Denken« überlisten.

Wenn wir uns aber redlich bemühen, an unseren Lebensthemen und an unseren eigenen Schattenseiten zu arbeiten und aus diesem Bemühen keinen Rechtsanspruch auf Glück ableiten, können (können!) synchronistische Begebenheiten als glückliche Fügungen, als Geschenke des Schicksals auf unserem Weg auftauchen.

Literatur

Adrian, F., *Die Schule des I Ging. Hintergrundwissen*. München: Diederichs, 1994
Adrian, F., *Die Schule des I Ging. Die Praxis*. München: Diederichs, 1995
Anderson, K., *Coincidences. Chance or Fate?* London: Blandfort, 1996
Anderten, K., *Traumbild Wasser*. Olten/Freiburg: Walter, 1986
Ash, D./Hewitt, P., *Wissenschaft der Götter. Zur Physik des Übernatürlichen*. Berlin: Zweitausendeins, 1991
Atmanspacher, H. u.a., *Der Pauli-Jung-Dialog und seine Bedeutung für die moderne Wissenschaft*. Berlin/Heidelberg: Springer, 1995
Auster, P., *Das Rote Notizbuch*. Reinbek: Rowohlt, 1996
Aziz, R., *C.G. Jung's Psychology of Religion and Synchronicity*. New York: State University of New York Press, 1990
Bach, R., *Illusionen*. Frankfurt/Berlin: Ullstein, 1991
Barz, H./Kast, V./Nager, F., *Heilung und Wandlung*. München: dtv, 1991
Bateson, G., *Geist und Natur. Eine notwendige Einheit*. Frankfurt: Suhrkamp, 1982
Bender, H., *Schopenhauer und die Parapsychologie*. In: Zeitschrift für Parapsychologie, 1960/61 4: 100-113
Bender, H., *Die transkulturelle Gleichförmigkeit von »Spuk«-Mustern als Hinweis für eine ›archetypische Anordnung‹*. In: Zeitschrift für Parapsychologie, 1979, 21 (3/4)
Bender, H., *Zukunftsvisionen, Kriegsprophezeiungen, Sterbeerlebnisse*. München: Piper, 1983
Berg, V., *Die rätselhaften Zufälle. Über Synchronizität, Serialität, Koinzidenz ...* Wickede: Hutter, 1983
Blofield, J., *Der Taoismus oder die Suche nach Unsterblichkeit*. München: Diederichs, 1988, 2. Aufl.
Bolen, J. Shinoda, *Göttinnen in jeder Frau. Psychologie einer neuen Weiblichkeit*. Freiburg: Sphinx, 1995, 6. Aufl.

Bolen, J. Shinoda, *Das Tao der Psychologie*, Basel: Sphinx, 1989
Borchert, B., *Mystik*. Königstein: Köster, 1994
Campbell, J., *The Way of the Animal Powers*. New York: Harper and Row, 1984
Chevalier J./Gheerbrant, A., *Dictionnaire des Symboles*. Paris: Laffont/Jupiter, 1989
Coelho, P., *Der Alchimist*. Zürich: Diogenes, 1996
Combs., A./Holland, M., *Die Magie des Zufalls. Synchronizität – eine neue Wissenschaft*. Reinbek: Rowohlt, 1992
Cooper, J.C., *Illustriertes Lexikon der traditionellen Symbole*. Leipzig: Drei Lilien, 1986
Cooper, J.C., *Was ist Taoismus?* Bern/München: O. W. Barth, 1993
Cramer, F., *Chaos und Ordnung*. Frankfurt/Leipzig: Insel, 1993
Cramer, F., *Der Zeitbaum. Grundlegung einer allgemeinen Zeittheorie*. Frankfurt/Leipzig: Insel, 1993
Davies, P., *Synchronicity in the Cosmic Blueprint*. In: Psychological Perspectives, Vol. 20, 1989
Davies, P.C.W./Brown, J.R. (Hg.), *Der Geist im Atom. Eine Diskussion der Geheimnisse der Quantenphysik*. Frankfurt/Leipzig: Insel, 1993
Dieckmann, H., *Träume als Sprache der Seele. Einführung in die Traumdeutung der Analytischen Psychologie C.G. Jungs*. Stuttgart: Bonz &.Co., 1987, 4. Aufl.
Doczi, G., *Die Kraft der Grenzen*. München: Dianus-Trikont, 1987
Dürckheim, K., *Der Alltag als Übung*. Bern/Stuttgart: Huber, 1987, 9. Aufl.
Dürr, H.-P./Zimmerli, Ch. (Hg.), *Geist und Natur*. Bern/München: Scherz, 1989
Eason, K., *The Psychic Power of Children*. London: Rider, 1990
Edinger, E.F., *Ego and Archetype*. New York: Penguin, 1973
Endres, F.K./Schimmel, A., *Das Mysterium der Zahl. Zahlensymbolik im Kulturvergleich*. München: Diederichs, 1995
Fiedeler, F., *Yijing. Das Buch der Wandlungen*. München: Diederichs, 1996
Fierz, M., *Naturwissenschaft und Geschichte. Vorträge und Aufsätze*. Basel: Birkhäuser, 1988
Fraser, J.T., *Die Zeit*. München: dtv, 1991

Freud, S., *Zur Psychopathologie des Alltagslebens*. Frankfurt: Fischer-TB 6079, 1996, 34. Aufl.

Frey-Wehrlin, C.T., *Überlegungen zu C.G. Jungs Konzept der Synchronizität*. In: Analytische Psychologie 7, 1976, 97-109

Frisch, M., *Homo Faber*. Frankfurt: Suhrkamp, 1973

Garrison, W., *Civil War Curiosities. Strange Oddities, Events and Coincidences*. Nashville: Routledge Press, 1994

Gauger, W., Y. *Paranormale Welt, Wirklichkeit und Literatur*. Berlin: Henssel, 1980

Gauger, W., *Das Problem des sinnvollen Zufalls*. In: Humane Zukunft, Mannheim, 1988

Gauger, W., *Parapsychologie tut man*. Zeitschrift für Parapsychologie und Grenzgebiete der Psychologie. Teil 1: Jg. 34, Nr. 1/2, 1992. Teil 2: Jg. 35, Nr. 3/4, 1993

Gauger, W., *Strittigkeit und Natürlichkeit – Das Paranormale und das Obszöne*. In: Zeitschrift für Parapsychologie und Grenzgebiete der Psychologie, Jg. 36, Nr. 1/2, 1994

Gendolla, P., *Zeit. Zur Geschichte der Zeiterfahrung*. Köln: Dumont, 1992

Grant, M./Hazel, J., *Lexikon der antiken Mythen und Gestalten*. München: dtv, 1987, 5. Aufl.

Grof, S., *Das Abenteuer der Selbstentdeckung. Heilung durch veränderte Bewusstseinszustände*. München: Kösel, 1987

Grof, S./Bennett, H., *Die Welt der Psyche*. München: Kösel, 1993

Haken, H., *Erfolgsgeheimnisse der Natur. Synergetik: Die Lehre vom Zusammenwirken*. Frankfurt: Ullstein, 1991

Harper Stiffler, LV., *Synchronicity and Reunion. The Genetic Connections of Adoptees and Birthparents*. Hobe Sound: FEA Publishing, 1992

Heinz-Mohr, G., *Lexikon der Symbole. Bilder und Zeichen der christlichen Kunst*. Freiburg: Herder Spektrum, 1991

Heisenberg, W., *Wolfgang Paulis Philosophische Auffassungen*. In: Zeitschrift für Parapsychologie 1959/60, 3: 120-128

Heisenberg, W., *Ordnung der Wirklichkeit*. München/Zürich: Piper, 1989

Heisenberg, W., *Der Teil und das Ganze*. München: Piper, 1991, 11. Aufl.

Hellinger, B., *Ordnungen der Liebe*. Heidelberg: Auer, 1994

Hellinger, B./ten Hövel, G., *Anerkennen, was ist. Gespräche über Verstrickung und Lösung*. München: Kösel, 1996

Hesse, H., *Märchen* (Iris). ©Suhrkamp-Verlag, Frankfurt am Main, 1970, S. 113

Hofstadter, D.R./ Gödel/Escher/Bach, *Ein endlos geflochtenes Band*. Stuttgart: Klett-Cotta, 1985

Holeczek, B./von Mengden, L. (Hg.), *Zufall als Prinzip. Spielwelt, Methode und System in der Kunst des 20. Jahrhunderts*. Heidelberg: Braus, 1992

Hopcke, R.H., *Synchronicity in Analysis*. In: Quadrant, Vol.21, No.1, 1988

Jaffé, A., *Synchronizität und Kausalität in der Parapsychologie*. In: Eranos Jahrbuch, 1973

Jaffé, A., *C.G. Jung. Bild und Wort. Eine Biographie*. Zürich: Walter, 1977

Jaffé, A., *Geistererscheinungen und Vorzeichen*. Einsiedeln: Daimon, 1995

Jaworsky, J., *Synchronicity: The Inner Path of Leadership*. Berrett-Koehler Pub., 1993

Jung, C.G., *Gesammelte Werke*, Zürich: Walter, 1968/1985

Jung, C.G., *Der Geist Mercurius*. GW Band 13, Studien über alchemistische Vorstellungen. Zürich: Walter, 1982

Jung, C.G., *Der Mensch und seine Symbole*. Zürich: Walter, 1984, 9. Aufl.

Jung, C.G., *Einführung zu Wilhelm, R. Das Geheimnis der goldenen Blüte*, Berlin 1929 (neu: München: Diederichs, 1990, 4. Aufl.)

Jung, C.G., *Synchronizität, Akausalität und Okkultismus*. München: dtv, 1990

Kaltenmark, M., *Lao-tzu und der Taoismus*. Frankfurt: Suhrkamp, 1981

Kammerer, P., *Das Gesetz der Serie*. Stuttgart, Berlin 1919

Kast, V., *Traumbild Auto*. Zürich: Walter, 1987

Kast, V., *Die Dynamik der Symbole*. München: dtv, 1996

Kemper, W.W., *Synchrone Verzahnung von Interpretation und Agieren. Zum Auftreten parapsychologischer Phänomene in der analytischen Situation*. In: Zeitschrift für Parapsychologie 1975, 17: 51-55

Kerényi, K., *Hermes, der Seelenführer*. In: Eranos Jahrbuch 1942, Band IX: 9-107

Kerényi, K., *Die Mythologie der Griechen*. 2 Bände. München: dtv, 1988, 11. Aufl.

Kerényi K., *Die Eröffnung des Zugangs zum Mythos*. Darmstadt: Wissenschaftliche Buchgesellschaft, 1989, 4. Aufl.

Koestler, A., *Die Wurzeln des Zufalls*. Bern/München: Scherz, 1972

Koestler, A., *Physik und Synchronizität*. In: Zeitschrift für Parapsychologie 1973, 15 (1), 1-14

Kornfield, J., *Frag den Buddha- und geh den Weg des Herzens*. München: Kösel, 1995

Kreutzer, C.S., *Synchronicity in Psychotherapy*. In: Journal of Analytical Psychology 1984, 29.

Lao-tse, *Tao Te King. Das Buch vom rechten Wege und der rechten Gesinnung*. Frankfurt/Berlin: Ullstein, 1996

Leonard, G. *Der Pulsschlag des Universums*. Bern/München: Scherz, 1992

Lindenberg, W., *Geheimnisvolle Kräfte um uns. Kurzgeschichten von schicksalhaften Begegnungen*. München: Reinhardt, 1988

Lindholm, D., *Vom Engel berührt*. Stuttgart: Verlag Freies Geistesleben, 1992

Mansfield, V., *Synchronicity, Science, and Soul-Making*. Chicago/La Salle, 1995

Mardorf, E., *Das I Ging in der psychotherapeutischen Praxis und Lebensberatung*. In: Moog H. (Hg.) 1996

Meier, C.A., *Science and Synchronicity: A Conversation with C.A. Meier*. In: Psychological Perspectives. Vol. 19, No. 2. Fall-Winter 1988

Meier, C.A. (Hg.), *Wolfgang Pauli und C.G. Jung. Ein Briefwechsel 1932 - 1958*. Berlin/Heidelberg: Springer, 1992

Mindell, A., »Schöpfung und Vernichtung in der Synchronizität«. In: Eschenbach, U. (Hg.): *Die Behandlung in der Analytischen Psychologie*. Stuttgart: Bonz, 1979

Moog, H. (Hg.), *Leben mit dem I Ging. Erfahrungen aus Kunst, Therapie, Beruf und Alltag*. München: Diederichs, 1996

Moog, H., *Das Tao des Chaos. Weltformel I Ging und genetischer Code im Lichte der neuen Wissenschaft vom Chaos*. In: Esotera 11/92, S. 17

Müller, L., *Psi und der Archetyp des Tricksters*. In: Zeitschrift für Parapsychologie und Grenzgebiete der Psychologie, 1981,23 (3-4), S. 165-181

Müller, L., *Magie*. Stuttgart: Kreuz, 1989

Nadolny, S., *Ein Gott der Frechheit*. München: Piper, 1994

Neumann, E., *Die Psyche als Ort der Gestaltung. Drei Eranos-Vorträge*. Frankfurt: Fischer, 1992

Otto, W.F., *Die Sprache als Mythos.*, In: Kerényi 1989

Pauli, W., *Phänomen und physikalische Realität*. Dialectica 11, 36-48, 1957

Pauli, W., *Das Gewissen der Physik*. Hg. von Enz, C.P. und v. Meyenn, K. Braunschweig: Vieweg, 1988

Pauli, W., *Der Einfluß archetypischer Vorstellungen auf die Bildung naturwissenschaftlicher Theorien bei Kepler*. Wieder abgedruckt in: Atmanspacher u.a. (Hg.), 1995

Pauli, W., *Die Klavierstunde. Eine aktive Phantasie über das Unbewusste*. In: Atmanspacher u.a. (Hg.), 1995

Peat, F.D., *Divine Contenders. Wolfgang Pauli and the Symmetry of the World*. In: Psychological Perspectives, Vol. 19, No.1, 1988

Peat, F. D., *Synchronizität. Die verborgene Ordnung*. Bern/München: O.W. Barth, 1989

Petulla, J., *Crisis to Wellness. Meditations for a Philosophy of Living*. Berkeley: Community Resource Institute Press, 1993

Poe, E.A., *Der Goldkäfer und andere Erzählungen*. Reinbek: Rowohlt/ rotfuchs Klassiker, 1994

Poe, E.A., *Erzählungen*. Stuttgart: Deutscher Bücherbund, o.J.

Preuschoff, G., *Das kleine Wunschbuch*. München: Kösel, 1995

Prigogine, I./Stengers, I., *Dialog mit der Natur. Neue Wege naturwissenschaftlichen Denkens*. München: Piper, 1990, 6. Aufl.

Progoff, I., *Jung, Synchronicity, and Human Destiny*. New York: Dell Publishing, 1973

Progoff, I., *The Practice of Process Meditation*. New York, 1980

Redfield, J./Adrienne, C., *Die Erkenntnisse von Celestine*. München: Heyne, 1995

Reuter, B.M. u.a., *Kausalität und Synchronizität. Zum psychophysischen Problem*. In: Analytische Psychologie 21/4/90, Dezember 1990

Ripley´s: *Believe it or not. Strange Coincidences.* New York: Tor Books, 1990

Roheim, G., *Magic and Schizophrenia.* Bloomington/London: Indiana University Press, 1970, 2. Aufl.

Roney-Dogal, S., *Wissenschaft und Magie.* Berlin: Zweitausendeins, 1993

Sachs, H. u.a., *Wörterbuch zur christlichen Kunst.* Hanau: Dausin, o.J.

Scholz, W.v., *Der Zufall und das Schicksal.* Freiburg: Herder, 1983

Schopenhauer, A., *Transscendente Spekulation über die anscheinende Absichtlichkeit im Schicksale des Einzelnen.* In: Pererga und Paralipomena. Zürich: Haffmans, 1991

Schwab, G., *Sagen des klassischen Altertums.* Wien: Uebereuter, 1974

Shelburn, W., *Synchronicity. A Rational Principle of Explanation.* In: Anima, Three/1, Fall 1976

Sheldrake, R., *Das schöpferische Universum. Die Theorie des morphogenetischen Feldes.* München: Goldmann, 1985

Sheldrake, R., *Das Gedächtnis der Natur. Das Geheimnis der Entstehung der Formen in der Natur.* München: Piper, 1993

Sheldrake, R., *Sieben Experimente, die die Welt verändern könnten.* Bern/München: Scherz, 1996

Stein, Murray (Ed.), *Jungian Analysis.* Boulder/London: Shambala, 1984

Stevens, A., *Archetypes. A Natural History of the Self.* New York: Quill, 1983

Stocking, J., *There Are No Accidents.* Chetek: Moose Ear Press, 1995

Strickhol, S., *Synchronicity and Chaos: Vision and Outer Reality.* In: Psychological Perspectives, Vol. 14, Nr. 1/83

Terzani, T., *Fliegen ohne Flügel.* Hamburg: Spiegel-Buchverlag, 1996

Thich Nhat Hanh, *Die Sonne, mein Herz.* Berlin: Theseus, 1994, 3. Aufl.

Thich Nhat Hanh, *Innerer Friede-Äußerer Friede.* Berlin: Theseus, 1996, 3. Aufl.

Thich Nhat Hanh, *Lächle deinem eigenen Herzen zu. Wege zu einem achtsamen Leben.* Freiburg: Herder, 1996, 3. Aufl.

Thich Nhat Hanh, *Das Wunder der Achtsamkeit.* Berlin: Theseus, 1997, 7. Aufl.

Toben, B., *Raum-Zeit und erweitertes Bewusstsein. Ein Physikalischer Comic*. Frankfurt: Fischer, 1990

Trenkle, B., *Das Ha-Handbuch der Psychotherapie*. Heidelberg: Auer, 1994

Tweedy, I., *Wie Phönix aus der Asche*. Reinbek: Rowohlt, 1992

van der Post, L., *Der Tanz des großen Hungers*. Berlin: Henssel, 1976

van der Post, L., *Jung and the Story of Our Time*. New York: Vintage Books, 1977

Vaughan, A., *Incredible Coincidence. The Baffling World of Synchronicity*. New York: Ballantine, 1979

von Buttlar, J., *Gottes Würfel. Schicksal oder Zufall?* München: Knaur, 1995

von Franz, M.-L., *Träume*. Zürich: Daimon, 1985

von Franz, M.-L., *Wissen aus der Tiefe. Über Orakel und Synchronizität*. München: Kösel, 1987

von Franz, M.-L., *Psyche und Materie*. Einsiedeln: Daimon, 1988

von Franz, M.-L., *Spiegelungen der Seele. Projektion und innere Sammlung*. München: Kösel, 1988

von Franz, M.-L., *Zeit. Strömen und Stille*. München: Kösel, 1992

von Lucadou, W., *Psyche und Chaos. Theorien der Parapsychologie*. Frankfurt: Insel, 1996

Waiblinger, A., *Rumpelstilzchen. Gold statt Liebe*. Stuttgart: Kreuz, 1983

Walter, K., *Chaosforschung, I Ging und Genetischer Code*. München: Diederichs, 1992

Watts, A., *Der Lauf des Wassers. Eine Einführung in den Taoismus*. Frankfurt: Suhrkamp, 1983

Watts, A., *Vom Geist des Zen*. Frankfurt: Suhrkamp, 1986

Watts, A., *The Modern Mystic*. Longmead: Element Books, 1990

Watzlawick, P., *Anleitung zum Unglücklichsein*. München: Piper, 1983

Watzlawick, P., *Vom Unsinn des Sinns oder vom Sinn des Unsinns*. München: Piper, 1995

Weber, R., *Wissenschaftler und Weise. Gespräche über die Einheit des Seins*. Reinbek: Rowohlt, 1992

Wharton, B., *Deintegration and Two Synchronistic Events*. In: Journal of Analytical Psychology, 1986, 31, 281-285

Whitmont, E.C., *Konflikt – Krankheit*. Göttingen: Burgdorf, 1988

Whitmont, E.C., *Psyche und Substanz*. Göttingen: Burgdorf, 1992
Wilber, K., *Das Spektrum des Bewusstseins*. Reinbek: Rowohlt, 1991
Wilhelm, R.,/Jung, C.G., *Das Geheimnis der goldenen Blüte. Das Buch von Bewusstsein und Leben*. München: Diederichs, 1990, 4. Aufl.
Wilhelm, R., *I Ging. Das Buch der Wandlungen*. München: Diederichs, 1993, 20. Aufl.
Wilson, R.A., *Der sinnvolle Zufall*. In: Psychologie Heute, Januar 1985
Wolf, F.A., *Der Quantensprung ist keine Hexerei. Die neue Physik für Einsteiger*. Frankfurt: Fischer, 1990
Wolf, F.A., *The Eagle´s Quest*. New York: Touchstone, 1991
Yutang, L., *Die Weisheit des Laotse*. Frankfurt: Fischer 1992
Zavala, J.F., *Synchronicity and the Mexican Divinatory Calendar*. In: Quadrant, Vol. 15, No. 1, Spring 1982
Ziegler, A., *A Cardiac Infarction and a Dream as Synchronous Events*. In: Journal of Analytical Psychology, Vol. 7, No. 2./62

Checkliste: Woran erkennt man einen sinnvollen Zufall?

1. *Wir können einen sinnvollen Zufall nicht selbst verursachen. Er kommt unvorhersehbar.* Ein sinnvoller Zufall lässt sich nicht planen, weder in seinem Zeitpunkt noch in seinem Inhalt, noch im Hinblick auf die beteiligten Personen. Er kommt »aus heiterem Himmel«, hat immer etwas Überraschendes.
2. *Ein sinnvoller Zufall hinterlässt einen tiefen emotionalen Eindruck auf uns.* Wir sprechen hier vom »Numinosum«. Wir fühlen uns tief berührt, können kaum glauben, was geschehen ist. Es kann sein, dass wir ein »Aha-Erlebnis« haben. Gelegentlich wird uns dabei auch unheimlich.
3. *Ein sinnvoller Zufall hat eine symbolische Bedeutung.* Er spricht eine symbolische Sprache wie ein Traum und lässt sich ähnlich entschlüsseln. Ein sinnvoller Zufall kann als »Wink des Schicksals« gedeutet werden.
4. *Ein sinnvoller Zufall ereignet sich oft an einem Punkt des Übergangs im Leben.* Dies können sowohl äußere Veränderungen sein als auch innere Entwicklungen. Sehr häufig, aber auf keinen Fall ausschließlich, treten synchronistische Phänomene um Veränderungen wie Geburt, Heirat, Tod, Ortswechsel, Berufswechsel, Trennung auf. Es kann auch vorkommen, dass sie auftauchen, wenn eine Veränderung dringend notwendig wäre.
5. *Häufig passiert um synchronistische Phänomene herum eine Verzögerung.* Diese sorgt oft erst dafür, dass der »richtige Augenblick« abgepasst wird, damit eine Gleichzeitigkeit

überhaupt erst zustande kommt: Erst durch die Verzögerung »passt« dann alles zusammen.
6. *Häufig gibt es einen »Boten«, einen Vermittler in sinnvollen Zufällen.* Dies kann eine Person sein, aber auch ein technisches Medium wie Telefon, Brief, Fax.
7. *Häufig gibt es – selbst in eher negativ gefärbten synchronistischen Erlebnissen – einen Grund zum Lachen.* Die »Ironie des Schicksals« zwingt uns oft zu unserem Glück.
8. *Synchronistische Ereignisse können komplexe Muster bilden.* Mitunter sind mehrere Themen, mehrere zeitliche Querbezüge, mehrere Orte, mehrere Personen in verschiedenen Verschränkungen miteinander verbunden.
9. *»Synchronizität der Synchronizität«.* Bei der Beschäftigung mit dem Thema Synchronizität kann es gehäuft zu synchronistischen Erlebnissen kommen.

Nicht alle diese Faktoren müssen bei einem sinnvollen Zufall zusammenkommen. Die ersten drei sind allerdings zentral, um einen sinnvollen Zufall von einem banalen Zufall unterscheiden zu können.

Weitere Aspekte der Synchronizitat finden Sie auch in den anderen Büchern von Elisabeth Mardorf: *Ich schreibe täglich an mich selbst* (1999) und *Wer immer geradeaus geht, kommt nicht weit* (2001) sowie auf Ihrer Homepage *www.lebensweisheit.de*

Register

Achtsamkeit	71f., 170
Adoption	96f.
Archetyp	21f., 47f., 71
Archetyp des Tricksters	149
Atropos	105
Auto	134ff., 144ff.

Balance	80
Begegnungen	67, 82, 160
Beruf	67, 69
Beziehung	77
Blockade	151
Briefe	92ff.
Bücher	60, 86f., 92

Computer	35, 148, 151ff.

Datum	56, 117
Demut	200
Diebstahl	131, 141, 145, 148
Differenzierung	193

Ehe	128, 142
Ehebruch	134
Einbruch	132, 141, 146
Entscheidungen	67, 76, 78, 134

Erynnien	149
Esoterik	9

Fahrrad	131
Freundschaft	73
Furien	149

Geborgenheit	88
Gedankenübertragung	75
Geister	139
Geld	132
Genetischer Code	173
Gesetz der Serie	44
Gewebe	105
Gleichzeitigkeit	115
Götterbote	50, 130, 146, 177
Gottesanbeterin	184
Grenzen	191
Größenwahn	194

Hände	121
Häufung von Themen, Namen und Zahlen	37ff.
Hermes (d. Götterbote)	46ff., 50, 130, 146, 150, 178, 195
Heuschrecken	184f.

Humanistische Psychologie	10	Nemesis	149
Humor	146	Nornen	105
		Numinosum	71
I Ging	12, 101, 129, 136, 172ff., 198	Omen	159
Identifikation	192	Orakel	160, 171
Inflation	192	Ordnung	63, 122, 136, 170, 196
Interpretation	64		
Intuition	80		
Ironie des Schicksals	147	Parapsychologie	10, 12, 14, 155, 199
Käfer	183	Partnerschaft	161
Kairos	101	Parzen	105
Klotho	105	Pauli- Effekt	153
Knall	138	Phönix	63
Kommissar Zufall	147	Positives Denken	200
Komplexe Muster	88, 90, 119	Prophezeiung	173
Konjunktiv	193	Psychose	25, 196
Krach	138		
Krankheit	120, 122	Regenmacher	61
Kriminalität	147	Reise	123, 144, 146
Krisen	141	Reisen	40, 74, 94
		Relative Gleichzeitigkeit	23
Lachesis	105	Rosenkäfer	182, 184, 186
Lücke	198		
		Schattenseiten	107, 155
Mantis	184f.	Schelm	146
Missionarischer Eifer	80	Schlange	128
Moiren	105	Schuh	42, 45
Morphogenetische Felder	153	Seitenblick	197
		Sinn	7ff., 33
Namen	51ff.	Skarabäus	182f.
Namensdoppelung	57	Spiegelbild	41
Negative Synchronizität	127, 137, 155	Spuk	137, 139, 155
		Streit	139

Symbole	136	Unsicherheit	144
Synchronizität der		Unsterblichkeit	64
Synchronizität	177	Unterscheidungsfähigkeit	192

Tagebuch	101, 104	Verantwortung	61, 90, 104, 112, 120f., 125, 137, 201
Tanz	41		
Tao/Taoismus	12, 28, 136, 170, 198	Vergangenheit	107
		Vernunft	80
Tarot	103	Verzögerung	119
Tasche	44, 52f.		
Themis	105	Wandlung	102
Theologie	7	Warnung	159
Transpersonale Psychologie	10	Wasser	133
Trauer	140	Wasserrohrbruch	8, 127, 130ff., 133
Träume	110, 115, 127, 136, 165ff.		
		Weissagungen	171
Trennung	76, 81, 84f., 123, 128, 130, 140, 142, 161	Wiederfinden (von Dingen)	81, 85, 97, 150

Übergang	68, 119, 124, 150	Zeit	101, 115
Umzüge	55, 59	Zukunft	116
Unerledigte Lebensthemen	81	Zusammenfallen	117